中国·文化百科

奇山

佛教道教名山

张建成 编著 胡元斌 丛书主编

汕頭大學出版社

图书在版编目（CIP）数据

奇山：佛教道教名山 / 张建成编著. -- 汕头：汕
头大学出版社，2015.2（2020.1重印）
（中国文化百科 / 胡元斌主编）
ISBN 978-7-5658-1606-2

Ⅰ. ①奇… Ⅱ. ①张… Ⅲ. ①佛教－山－介绍－中国
②道教－山－介绍－中国 Ⅳ. ①K928.3

中国版本图书馆CIP数据核字(2015)第020901号

奇山：佛教道教名山　　　　QISHAN：FOJIAO DAOJIAO MINGSHAN

编　　著：张建成
丛书主编：胡元斌
责任编辑：汪艳蕾
封面设计：大华文苑
责任技编：黄东生
出版发行：汕头大学出版社
　　　　　广东省汕头市大学路243号汕头大学校园内　邮政编码：515063
电　　话：0754-82904613
印　　刷：三河市燕春印务有限公司
开　　本：700mm×1000mm 1/16
印　　张：7
字　　数：50千字
版　　次：2015年2月第1版
印　　次：2020年1月第2次印刷
定　　价：29.80元
ISBN 978-7-5658-1606-2

前　言

　　中华文化也叫华夏文化、华夏文明，是中国各民族文化的总称，是中华文明在发展过程中汇集而成的一种反映民族特质和风貌的民族文化，是中华民族历史上各种物态文化、精神文化、行为文化等方面的总体表现。

　　中华文化是居住在中国地域内的中华民族及其祖先所创造的、为中华民族世世代代所继承发展的、具有鲜明民族特色而内涵博大精深的传统优良文化，历史十分悠久，流传非常广泛，在世界上拥有巨大的影响。

　　中华文化源远流长，最直接的源头是黄河文化与长江文化，这两大文化浪涛经过千百年冲刷洗礼和不断交流、融合以及沉淀，最终形成了求同存异、兼收并蓄的中华文化。千百年来，中华文化薪火相传，一脉相承，是世界上唯一五千年绵延不绝从没中断的古老文化，并始终充满了生机与活力，这充分展现了中华文化顽强的生命力。

　　中华文化的顽强生命力，已经深深熔铸到我们的创造力和凝聚力中，是我们民族的基因。中华民族的精神，也已深深植根于绵延数千年的优秀文化传统之中，是我们的精神家园。总之，中国文化博大精深，是中华各族人民五千年来创造、传承下来的物质文明和精神文明的总和，其内容包罗万象，浩若星汉，具有很强文化纵深，蕴含丰富宝藏。

　　中华文化主要包括文明悠久的历史形态、持续发展的古代经济、特色鲜明的书法绘画、美轮美奂的古典工艺、异彩纷呈的文学艺术、欢乐祥和的歌舞娱乐、独具特色的语言文字、匠心独运的国宝器物、辉煌灿烂的科技发明、得天独厚的壮丽河山，等等，充分显示了中华民族厚重的文化底蕴和强大的民族凝聚力，风华独具，自成一体，规模宏大，底蕴悠远，具有永恒的生命力和传世价值。

在新的世纪，我们要实现中华民族的复兴，首先就要继承和发展五千年来优秀的、光明的、先进的、科学的、文明的和令人自豪的文化遗产，融合古今中外一切文化精华，构建具有中国特色的现代民族文化，向世界和未来展示中华民族的文化力量、文化价值、文化形态与文化风采，实现我们伟大的"中国梦"。

习近平总书记说："中华文化源远流长，积淀着中华民族最深层的精神追求，代表着中华民族独特的精神标识，为中华民族生生不息、发展壮大提供了丰厚滋养。中华传统美德是中华文化精髓，蕴含着丰富的思想道德资源。不忘本来才能开辟未来，善于继承才能更好创新。对历史文化特别是先人传承下来的价值理念和道德规范，要坚持古为今用、推陈出新，有鉴别地加以对待，有扬弃地予以继承，努力用中华民族创造的一切精神财富来以文化人、以文育人。"

为此，在有关部门和专家指导下，我们收集整理了大量古今资料和最新研究成果，特别编撰了本套《中国文化百科》。本套书包括了中国文化的各个方面，充分显示了中华民族厚重文化底蕴和强大民族凝聚力，具有极强的系统性、广博性和规模性。

本套作品根据中华文化形态的结构模式，共分为10套，每套冠以具有丰富内涵的套书名。再以归类细分的形式或约定俗成的说法，每套分为10册，每册冠以别具深意的主标题书名和明确直观的副标题书名。每套自成体系，每册相互补充，横向开拓，纵向深入，全景式反映了整个中华文化的博大规模，凝聚性体现了整个中华文化的厚重精深，可以说是全面展现中华文化的大博览。因此，非常适合广大读者阅读和珍藏，也非常适合各级图书馆装备和陈列。

目　录

江西龙虎山

四川青城山

山西五台山

　　五台山位于山西东北部，与浙江普陀山、安徽九华山、四川峨眉山共称"中国佛教四大名山"，并居于四大佛教名山之首，被称为"金五台"。为文殊菩萨的道场，也是我国唯一汉传佛教寺庙和藏传佛教寺庙交相辉映的佛教道场，汉蒙藏等民族在此和谐共处。

　　五台山并非一座山，它由东台望海峰、南台锦绣峰、中台翠岩峰、西台挂月峰、北台叶斗峰等5座山峰组成，它们环抱整片区域，山顶平坦宽阔，犹如垒土之台，故而得名"五台"，素有"华北屋脊"之称。

佛教的传入和灵鹫寺

在山西东北部，有一座紫府山，也称"五峰山道场"，是道家的修炼场所。

传说文殊菩萨第一次来到我国的时候，就居住在玄真观内石盆洞中。当时五峰山气候异常恶劣，常年酷暑，当地百姓苦不堪言。

这一年，文殊菩萨再一次来到这里讲经说法，他见到黎民百姓的疾苦，深表同情，于是发大愿要将百姓拯救出苦海。

于是，文殊菩萨装扮成一个化缘的和尚，不远万里到东海龙王那里寻求帮助。他在龙宫门口发现了一块能散发凉风的巨大青石，于是就背起青石带回了五峰山。

这块大青石就是东海龙王的歇龙宝石，他把这块青石放置在五峰山的一道山谷里，一刹那间，山谷变成了草丰水美、清凉无比的天然牧场。

此后，人们就把这个山谷叫做"清凉谷"，并在山谷里建了一座寺院，将清凉石圈在院内。为此，五峰山又名"清凉山"。

清凉山的5座主峰，分别称为望海峰、叶斗蜂、挂月峰、锦绣峰和翠岩峰。望海峰又称"东台"，台顶面积是5座主峰中最小的，仅70000平方米，如鳌鱼脊一般，据说在此可以远眺东海日出，所以称为东台。

挂月峰又称"西台"，台顶面积约有28万平方米，周围群山拱

围，岩石幽深，每逢皓月当空，只见银光泻地，层峰朦胧，万籁俱寂，俨若悬镜，故取名为挂月峰。

锦绣峰又称"南台"，台顶面积约14万平方米。山峰耸峭，烟光凝翠，繁花似锦，千峦密布，五彩缤纷，因之取名为锦绣峰。每年的农历四月，北面四台还是冰天雪地，而南台的山腰处却是百花怒放。

叶斗峰又称"北台"，是清凉山五峰中的最高峰，台顶面积约37万平方米，顶天立地。此台特点是台高、风猛、雷激。

翠石峰又称"中台"，台顶面积约15万平方米。与四台相比，中台的主要特点是水景。

在台顶有一巨石，立如奔马，卧似喘牛，长有斑斑苔藓，在阳光照射下，丹碧生辉，故取名为翠岩峰。翠岩峰的西北面有太华池，北有甘露泉，东南有玉龙池，池旁还有三棵泉，是清凉山南北五溪流水的发源地。

公元64年，东汉明帝刘庄做了一个梦，梦见一位神仙，周身被金光环绕，轻盈地从远方飞来，降落在御殿前。

第二天一早上朝，汉明帝就把自己的这个梦告诉了群臣，并询问是何方神圣。太史傅毅博学多才，他告诉汉明帝说，听说西方天竺有位得道的神，号称"佛"，能够飞身于虚幻中，并全身绽放着光芒，君王您梦见的大概是佛吧！

于是明帝派使者羽林郎中秦景、博士弟子王遵等13人去西域访求佛道。

当时，使者遇见了正要前往中原的印度僧摄摩腾和竺法兰，于是相随而归，并于公元67年抵达洛阳。汉武帝下令在洛阳城西雍门外御道之南，建造一座僧院以供这两位印度高僧居住，同时为了纪念白马负经输像的功劳，就将寺名定为"白马寺"。

这一年，迦叶摩腾和竺法兰从洛阳来到清凉山宣扬佛法，两人惊

奇地发现这里竟然有佛存在的痕迹，还发现了释迦牟尼佛的舍利。

而且清凉山山势奇伟，气象非凡，和印度的灵鹫山，也就是释迦牟尼佛修行的地方非常相似。于是，两位高僧立即决定就在这里建立寺庙，供奉佛祖。

但是，这个决定却遭到这里道士们的强烈反对。

后来，汉明帝在洛阳白马寺举行道士与高僧的赛法，结果两位高僧获胜，取得了在清凉山一带建筑佛教寺院的权利。

寺院落成后，命名为"灵鹫寺"。汉明帝刘庄为了表示自己对佛教的重视，就加"大孚"两字，因而寺院的全名为"大孚灵鹫寺"，也就是后来显通寺最初的规模。从这个时候开始，清凉山成为我国佛教的中心，大孚灵鹫寺和洛阳白马寺同为我国最早的寺院。

后来，历代都对大孚灵鹫寺进行修葺，北魏孝文帝时期对大孚灵鹫寺进行修葺后更名为"花园寺"；唐太宗时名为"华严寺"；明太祖朱元璋重修后赐额"大显通寺"，形成后来的规模。

显通寺占地80000平方米，各种建筑400余间，中轴线殿宇有7座，由南至北依次为观音殿、文殊殿、大佛殿、无量殿、千钵殿、铜殿和藏经殿。这些殿宇造型各异，独具特色。

在悬挂"大显通寺"匾额的山门外两侧，各有一通石碑，石碑上模仿龙形和虎形，写有"龙虎"两个大字。寺庙中用龙虎把守大门，甚为奇特。

观音殿又名"南殿"，殿内供奉的是观音菩萨像，左右两边陪祭的是文殊菩萨和普贤菩萨像，所以又称"三大主殿"。殿内两侧放满了经架，架上有各种经书，所以又称"藏经殿"。过去曾将救助水陆众生的大法会水陆道场设在这里，所以又叫"水陆殿"。

文殊殿是显通寺的第二重大殿，殿前有两座碑亭，亭内立有两通汉白玉的石碑，石碑高不足3米，宽不足1米，一通是"有字碑"，就是后来康熙皇帝的御笔；一通碑上没有任何字迹，人们称作"无字碑"。

相传这两个碑亭的地方原是两个圆形的水池，池里的水清澈如镜。

有一年，康熙皇帝朝台，巡游显通寺，来到文殊殿前。他抬头一望，只见绚烂的菩萨顶端端正正坐落在灵鹫峰下，好像一条英武的龙，昂着头高卧在那里。

这座牌楼正是龙头，两根幡杆正是龙角，108层台阶从牌楼上延伸下来，正是龙吐出了舌头。康熙越看越像，也越看越怕：这不就是出真龙天子的地方吗？难道我大清的江山要让别人夺去吗？于是，他就想找些理由来证实这不是一条龙，或者是一条死龙，那他可就放心了。

当时的住持和尚在皇帝身边接驾，听到皇帝在念叨菩萨顶，便凑上去说："启奉万岁，那灵鹫峰是一条龙，菩萨顶的牌楼，正好在龙头上。"

康熙最怕说的话就这样被住持说了出来，康熙皇帝不露神色，仔仔细细看了菩萨顶一会儿，像是发现了什么奥秘一样掉转头对住持说："灵鹫峰是条龙，但不是条活龙，你看，它没有眼睛。"

本来，康熙帝是想让住持接住他的话茬，也说一句"这条龙没有眼睛。"

可住持没有领会到皇帝的本意，只是一心想把自己所知道的统统告诉皇上："启奏皇上，我主有所不知，这龙是有眼睛的。每日午间时分，太阳照到这两个池上，那菩萨顶的木牌楼两侧就会出现两个圆形的光环。"

这一来，康熙再也忍不住，发了雷霆，"龙长了眼睛，不会飞走吗？龙飞走了，那五台山的灵气还会有吗？这两个水池，你给我填平，上面再立两通石碑压住！"

住持吓坏了，立即命人填平了水池，并立起了石碑。

住持请康熙写碑文，康熙忘了有两通石碑，就欣然写了一篇，住持无奈，只好请工匠把碑文拓刻在左边那通石碑上，右边则空了下来。

文殊殿殿内供奉着7尊文殊菩萨像：正中的为大智文殊菩萨，前面的5位从左至右依次为西台狮子文殊菩萨、南台智慧文殊菩萨、中台孺者文殊菩萨、北台无垢文殊菩萨和东台聪明文殊菩萨，大智文殊菩萨后面是甘露文殊菩萨。

这些文殊菩萨像前有护法神韦驮像，两侧罗列着十八罗汉像。

大雄宝殿是显通寺的第三重大殿，也是举办盛大佛事活动的场所。殿内正前方的横梁上高悬康熙御笔题写的"真如权应"木匾，下面条幅横悬，两旁锦幡垂挂。

殿台上供着三世佛像，中间的是释迦牟尼佛，西为阿弥陀佛，东为药师佛，两旁有十八罗汉像，背后有观音、文殊、普贤3尊菩萨像。

佛像前的地面十分宽敞，经案上佛灯高照，宝鼎焚香，摆着各色供果，敬有美丽鲜花。东面的经案头，还摆着鼓、磬、铛、木鱼等佛家乐器。不仅本寺僧人在这座殿内做早晚功课，每逢大的佛事活动日，各寺庙的僧尼都要身披袈裟，汇集到这里举行礼佛仪式。

中轴线上的第四座殿堂为纯砖结构的无量殿，面宽7间，进深4间，总高20多米，因殿内供有大光明无量佛，也就是毗卢佛大铜像，所以取佛法无量之意，命名为"无量殿"。又因为整个殿堂全部用青砖砌垒雕刻而成，俗称"无梁殿"。

无量殿不仅规模宏大、结构严谨，而且雕刻精湛，是五台山砖结构建筑的杰出代表。无量殿正面每层有7个拱洞门，檐下用砖雕刻成斗拱椽飞等构件。

中部3件为枕头券，两边厢为横向竖券，左右山墙为拱脚，各间之间用券拱式门洞相连，顶部为穹隆顶，上部有藻井镂刻。

千钵文殊殿是中轴线上的第五座殿堂，殿中供奉着千钵文殊铜象。这尊铜像造型奇特，上叠5个头像，胸前有手6只。

其中的两只捧着一个金钵，钵内坐着释迦牟尼佛，背后向四周伸出1000只手，每只手上都有一个金钵，每个钵内都有一尊释迦牟尼佛。所以，这尊铜像又被叫做"千臂千钵释迦文殊像"。

中轴线上的第六座殿堂是铜殿，是用50000千克铜铸成的。殿外观看似为两层，实则为一层，内为一室，四角四柱，柱础鼓形。

殿身上层四面雕隔扇6页，下面置隔扇8扇，殿内四壁上铸有小佛万尊，金光闪闪，灼灼照人，号称"万佛"。室内中央供奉着一个高为一米的巨大铜像。

铜殿的每页隔扇都是由一个省布施铸造而成，其文诗之美、工艺之精让人惊叹。铜殿柱、额、枋和隔扇上下都铸有各种彩画图案和花卉鸟兽，如"玉兔拜月"、"丹凤朝阳"、"二龙戏珠"等，非常精致。

据《清凉山志》记载，铜殿是由后来明朝时期清凉山的高僧妙峰法师集全国13个省布施而建造的。妙峰法师曾铸3座铜殿，一在南京，一在峨眉，一在清凉山，前两座铜殿已经被毁，只留下显通寺的这座，十分珍贵。

这座铜殿造型优美，结构完整，图案生动，充分显示了我国古代高超的铸造技艺。铜殿前原有铜塔5座，暗含清凉山五台之意，后仅保留下两座，均为8面13层，显得玲珑秀丽，引人注目。

铜殿的华严经字塔陈列在藏经楼内，是用蝇头小楷字组成的。在黄绫和白绫上写有60多万字，囊括了《华严经》80卷。华严经字塔是由后来清朝康熙年间的许德心用4年时间设计，历时8年时间完成的作品，确实珍贵。

藏经楼内，收藏了各种各样的文物，有北魏时期铜铸的旃檀佛像，有北宋开宝年间刊刻的雷峰塔藏经，有明代人绘制在菩提树叶上的十八罗汉像，有杨五郎使用过的40多千克重的兵器铁棍等。

特别值得一提的是，藏经楼内还有一口重达九千九百九十九斤半的大铜钟，这口大铜钟原先悬挂在显通寺的钟楼内，名叫"幽冥钟"。

幽冥钟的外部铸有楷书佛经一部，共1万余字。因为敲击时钟声绵长，传播深远，所以人们又把此钟叫做"长鸣钟"，也称为"长命钟"。显通钟声，历来都是梵宇佛国的一个标志，一直被人们所津津乐道。

拓展阅读

藏经楼内的大铜钟相传铸于明朝万历年间，钟身高8尺，钟口边缘呈莲花瓣形状，重九千九百九十九斤半。但是为什么不加铸半斤使之成为一万斤呢？

原来，自秦汉以后，臣子朝见国君，拜恩庆贺，常常呼喊"万岁"，并逐渐发展成为一种礼节。

为了表示对皇帝的尊敬，"万岁"便成为帝王的代称，用来表明皇帝拥有的权力是上天所赋予的，至高无上。除了皇帝，谁也不敢将自己与"万岁"联系起来。当铸造大铜钟的时候，为了避讳皇帝"万岁"的"万"字，就少铸了半斤，将铜钟铸造成了九千九百九十九斤半。

清凉山佛教的极盛时期

随后，佛教在清凉山不断发展，至南北朝时期，佛教在清凉山的发展进入到第一个高潮期。北魏孝文帝继位之初就崇佛敬僧。

《古清凉传》记载他曾到清凉山避暑，游行于中台，上置"小石浮图"，并建清凉寺，还在清凉山"射箭畋略"，建造佛光寺，随后又建造大孚图寺，并环绕灵鹫峰置十二院。

后来，孝文帝还让自己的第四个女儿信诚公主出家在清凉山，并置公主寺。于是，清凉山佛教开始兴盛起来。据记载，当时的清凉山已经建有数十座寺院。

公主寺在建成之后，一度毁于战火，保留下来的为后来的唐朝时期所建。相传唐朝有一个尼姑来到清凉山修行，在公主寺的遗址下掘得尺璧，就进献给了当朝的皇帝，于是皇帝下令在此地重建公主寺。

在公主寺的旁边还有一座小寺叫"驸马庙"，民间传说是诚信公主的丈夫出家修行处。公主寺占地4000平方米，中轴线有三进院子。

过殿面阔、进深各3间，殿内正中塑有释迦牟尼坐像，左右是大

梵天王和帝释天王，背后是观音菩萨像。殿之四周塑文殊、普贤菩萨及十八罗汉像。塑像上方皆为悬塑，有山水人物，亭台楼榭，形态逼真，色彩鲜明。

大雄殿内设有佛坛，坛上塑释迦牟尼、药师、阿弥陀佛，释迦牟尼佛像前是迦叶、阿难两尊者，塑艺精美绝伦。

殿四壁皆为精美绝伦的画像壁画，以卢舍那佛和弥勒佛为中心，300多人物面佛而立，大者1米，小者0.6米，内容丰富，绘艺甚佳。穿过左边的垂花门，是一棵苍天古树，北面是一座圣母庙，其对面有一细致的戏台，十分难得。

之后，北魏孝文帝对灵鹫寺进行了规模较大的扩建，并在周围兴建了善经院、真容院等12个寺院。清凉山发展成为了文殊道场和研习《华严经》的圣地。学习《华严经》的人们纷纷到五台山礼谒文殊，举行法会，着书释论，出现了灵辩及其弟子道昶、灵源、昙现等一大

批华严学者。

　　菩萨顶位于五台山显通寺北侧灵鹫峰上，是五台山中规模最大的藏传佛教格鲁派寺院。菩萨顶据传为文殊菩萨道场，所以又称为"真容院"、"大文殊寺"。

　　菩萨顶创建于北魏孝文帝年间，历代曾多次重修。后来藏族僧人进驻五台山之后，成为五台山藏传佛教寺院之首。菩萨顶全寺顺山就势修筑殿宇，寺前有石阶108级，布局十分严谨。

　　我国历朝历代都非常重视对菩萨顶的修葺和扩建，逐渐形成后来的规模。北宋时期对寺院重修，并铸铜质文殊像1万尊供奉在寺内。南宋时改建，并将此寺易名为"大文殊寺"。

　　1402年，始有菩萨顶的称谓。1573年至1620年间再一次，又对该寺进行了重修。至清代，由于满族崇信藏传佛教，于是在1660年，将菩萨顶由汉传佛教改为藏传佛教，并从京城派去寺院住持。

清康熙年间，又敕令重修菩萨顶，并向该寺授"番汉提督印"。从此，按照清王朝的规定，菩萨顶的主要殿宇铺上了表示尊贵的黄色琉璃瓦，山门前的牌楼也修成了四柱七楼的形式。这在五台山是绝无仅有的，在全国范围内也不多见。

自此以后，菩萨顶成了清朝皇室的庙宇。菩萨顶山门外水牌楼上的"灵峰胜境"，文殊殿前石碑坊上的"五台圣境"，都是康熙皇帝亲笔题写的。

菩萨顶东禅院内两通高3米，宽1米的四楞碑上，用汉、满、蒙、藏4种文字刻写的碑文，则是乾隆皇帝的御笔，描写他上五台山的感受。书法圆润流畅，结构丰满雄健，是很宝贵的艺术品。

菩萨顶的建筑布局很有特色，而且主要殿宇外观似皇宫，而内部布置却又具有浓烈的藏传佛教韵味。因为菩萨顶在灵鹫峰上，从峰下仰望，菩萨顶前108级陡峭的石阶如悬挂在空中的天梯，上面是梵宫佛

国，琼楼玉宇。石阶末端的平台之上立着一座四柱三门的木牌楼。

牌楼之后是山门，山门两边厢房的红墙上，分别开着圆形窗户。有人说这种布局恰似龙头，牌楼的正门是龙口，旗杆是龙角，厢房壁上的圆窗是龙眼，而那长长石阶，则是龙吐出的舌头。又因山门前的大石阶不是一级一级的，而是斜升的大平面，并雕有九龙戏水。九龙翻腾，互相缠绕，活灵活现。

菩萨顶有殿堂僧舍等大小房屋100多间，布局结构紧凑而有变化，且均为后来的康熙皇帝下令建筑的。全寺建筑大体上可以分为前院、中院、后院3个部分。

中轴线上的主要建筑有山门、天王殿、大雄宝殿、文殊殿等。两旁对称地排列着钟楼、鼓楼、禅院等。全寺建筑的布局不但中心突出，而且壮观恢宏，加之红柱红墙，金色琉璃瓦，更显得金碧辉煌，富贵豪华。

　　菩萨顶各主要大殿的布置和雕塑，具有浓烈的藏传佛教色彩。面阔7间的大雄宝殿内，后部供着毗卢佛、阿弥陀佛和药师佛，前面则供着藏传佛教格鲁派创始人宗喀巴像。

　　文殊殿内的文殊像，与一般佛教寺庙内的文殊菩萨像不同，它是按藏传佛教的经典规定制作的，头取旁观势，腰取扭动势，发取散披式，同时身挂璎珞，显得特别活泼、生动。两侧墙壁上，还挂着绘在布上的藏画唐卡。

　　另外，在大雄宝殿和文殊殿的柱头上，还挂着桃形小匾，上写梵文咒语。这些都是藏传佛教寺庙建筑装饰中所独有的。

　　值得一提的是，文殊殿还有滴水大殿之称。过去文殊殿有一块檐瓦，无论春夏秋，也无论阴晴雨，总是往下滴水。时间长了，文殊殿前的一处阶石上面成了蜂窝状。什么原因呢？有人说，这是文殊菩萨灵验，广施雨露的缘故。

　　实际上，这只是建筑上的一种巧妙设计。文殊

殿的琉璃瓦上留有小孔，瓦下有储水层，储水层下又有防漏设施。每当雨天，雨水透过琉璃瓦孔而存于储水层内。在阴天或晴天时，储水层中的水便慢慢地从檐瓦滴下。

此外，菩萨顶内还存有许多文物。这些文物中，有几件比较稀奇，而且还有趣闻。

菩萨顶后院正房内存有4口大铜锅。这些铜锅，过去每年"六月大会"和腊月初八各用一次。

六月庙会僧人们过佛教节日，做斋饭，用白面蒸魔王，供"跳神镇魔"用。腊月初八佛成道日，放进黄米、绿豆、莲子、栗子、红枣、稻米、桃仁、红糖等，做成八宝粥供佛斋僧。

在菩萨顶前院的西配殿里，还有一尊泥塑文殊菩萨像，这也是饶有风趣的佛教文物。过去，这尊文殊菩萨像的右肩上还带着一支箭，据说那还是乾隆皇帝射上的呢，乾隆皇帝给它的封号是"带箭文殊"流传至今。

至北齐时期，清凉山的佛教迎来了第一个兴盛时期。北齐文宣帝高洋曾"割八州之税，以供山众衣药之资"，清凉山上的寺院发展至200多座。

564年，北齐武成帝高湛诏慧藏法师于太极殿讲《华严经》。次年，改清凉山为五台山，使《华严经》成为五台山的开山圣典，五台山的华严学派得到了进一步的发展。当时，在五台山盛传的还有涅槃学、禅学、律学、净土学等。

隋朝建立之后，隋文帝杨坚大力扶持佛教，下诏在5个台顶各建一座寺庙。即东台望海寺、南台普济寺、西台法雷寺、北台灵应寺、中台演教寺。

也因为五台山是文殊菩萨演教的地方，所以这5个台顶上的寺庙均供奉文殊菩萨，但5个文殊的法号不同。

东台望海寺供聪明文殊、南台普济寺供智慧文殊、西台法雷寺供狮子吼文殊、北台灵应寺供无垢文殊、中台演教寺供孺童文殊。在东

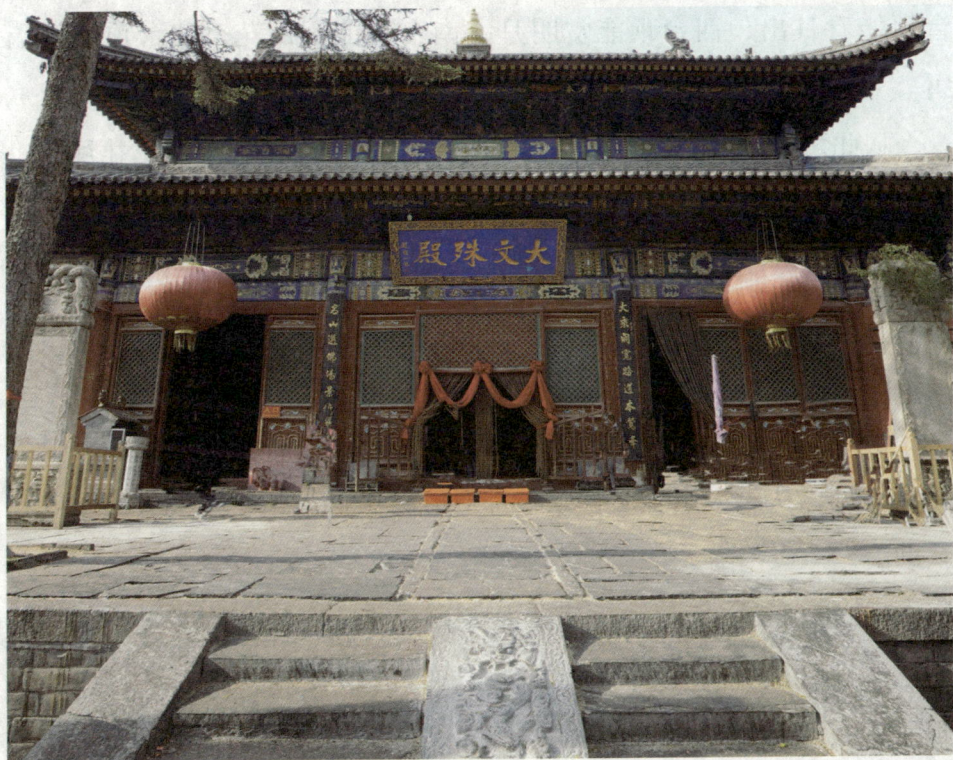

台顶能看日出，西台顶能赏明月，南台顶能观山花，北台顶能望瑞雪。

从此之后，凡到五台山朝拜的人，都要到5个台顶寺庙里礼拜，叫做"朝台"。此后，五台山之名开始在史籍中大量出现。

李唐王朝起兵并州而有天下，所以视五台山为"祖宗植德之所"。唐太宗即位后，重视译经事业，命波罗颇迦罗蜜多罗为主持，增加僧侣3000余人，并在旧战场各地建造寺院。

于是敕令建寺10所，度僧数百，并下诏免收五台山寺院的赋税。显而易见，从唐太宗至唐德宗，都对五台山佛教给予了极大的支持和扶助。

702年，武则天敕命重建清凉寺，令德感法师住持并掌管全国的僧尼事宜，使五台山成为全国佛教的首府所在。其后，又"神游五顶"、在清凉山安置"玉御容"，造塔立碑，并设斋供佛，对佛教进行大力的扶持，进一步促使五台山的佛教进入了兴盛时期。

唐代宗李豫时期，印度的僧人不空三藏来华，上书向朝廷建议：

> 大圣文殊师利菩萨，今镇在台山，福滋兆亿。伏唯宝应
> 元圣文武皇帝陛下，德合乾坤，明并日月，无疆之福，康我
> 生人。伏唯至今以后，令天下食堂中，于宾头胪上将置文殊
> 师利形象，作为上座。询诸圣典，具有明文。佛只如来尚承
> 训旨，凡出家者固合抠衣。普贤、观音犹执拂而侍，声闻、
> 缘觉拥慧而后居。斯乃天竺国皆然，非僧等鄙见，仍请为恒
> 式。

769年，唐代宗批准了不空三藏的建议，尊文殊菩萨为天下寺宇斋

堂中的上座，钦定普贤和观音为文殊菩萨的侍者。从此，文殊菩萨就居于观音、普贤、地藏等菩萨之首。

同时，不空三藏还奏请朝廷在五台山建金阁寺，并派弟子含光和经陀亲自到五台山督造，使之成为国家的根本道场。

770年，不空三藏被召往五台山，他根据名僧道义禅师所说的文殊菩萨显圣处"金阁浮空"而创建金阁寺。该寺铸铜为瓦，瓦上涂金，以合"金阁"命名。

金阁寺修建时，由印度那烂陀寺的纯陀法师担任监工，依照经轨建造。当年秋天金阁寺落成之后，不空三藏法师被召回京城，唐代宗迎接入城。

不空三藏法师是当时新兴密宗的主要创立者，离开五台山后由门徒高僧含光常住金阁寺弘扬密宗，创建了以《大日经》、《苏悉地经》和《金刚顶经》等真言密部为理论依据，以文殊护摩法为主要的修行方法，若戒定慧，形成了具有五台山特色的密宗，享有很高的声誉。

　　金阁寺的殿堂共有160多间，寺院布局为两处大院、一进四重坐北向南的殿阁。寺前有天王殿和钟鼓两楼。第一处大院中间，矗立一座大阁，内供高约18米的千手观音铜像，是五台山最高最大的圣像，由纯铜铸成，外补薄泥，然后贴金。

　　千手观音身旁又有两尊高大的协侍像，一男一女，左边男像怀中抱有宝剑，据说这一男一女为观音的父母。殿阁两壁各供有12尊塑像，统称为"二十四诸天"。

　　千手观音站坛的西南壁角，塑有诏令建造该寺的唐代宗李豫像。殿阁内左右后柱下两个石柱础，为圆形中间束腰上下卷莲瓣形，唐风明显。

　　金阁寺第一处大院的北侧有一排木构建筑，下层是僧舍，上层是塑有各种圣像的供殿，塑像设置庞杂，其中玉皇殿和三皇殿颇具特色。玉皇是道教所称天上最高的神，又称"玉帝"。

　　三皇指古代传说中的3个帝王，或称伏羲氏、燧人氏、神农氏为三皇，或称天皇、地皇、人皇为三皇。

与此同时，不空三藏又奏请在天下著名的寺院中置文殊院及文殊像，作为五台山文殊道场的支院。这样，以五台山为中心，以天下各著名寺院为枢纽，通过遍布全国的大小寺院形成网络，使文殊信仰得到推行，从而使五台山成为僧俗尊崇的文殊信仰的发源地和传播中心。

787年，五台山就被正式确定为文殊菩萨的道场。

五台山被定为文殊菩萨的道场之后，人们便自然地在五台山兴建了许多供奉文殊菩萨的寺院和殿堂。

五台山有专供文殊菩萨的菩萨顶、殊像寺、文殊寺、文殊院等寺院，大多数寺院中设有专供文殊菩萨的文殊殿，有的文殊殿规模甚至超过了供奉释迦牟尼佛的大雄宝殿。

供奉在五台山的文殊菩萨像多种多样，有聪明文殊、智慧文殊、狮子文殊、无垢文殊和孺童文殊，这五方文殊像合塑在黛螺顶的文殊殿、显通寺文殊殿和尊胜寺的文殊殿中。

菩萨顶文殊殿中供真容文殊像，佛光寺文殊殿中供着文殊7尊像。后来，在菩萨顶、罗睺寺、显通寺、塔院寺、殊像寺内还分别供奉有黄、白、绿、黑、蓝五色文殊像。另外还有带箭文殊、灯笼文殊、老文殊、千臂千钵释迦文殊、甘露文殊、金刚文殊、大威德文殊、写戏文殊等。

唐代良好的社会环境和宽松的文化氛围，加之多位帝王的尊崇佛教、扶持佛教，使得五台山佛教形成了寺院林立，寺院经济发达，佛教经典丰富，僧人数万的鼎盛局面，文殊信仰遍及天下。

佛教的各个宗派，如唯识宗、律宗、华严宗、净土宗、密宗、天台宗、禅宗的高僧大德纷纷至五台山巡礼学法，传教布道，开辟道场，并建立起属于自己的宗派。

远自斯里兰卡、印度、尼泊尔、越南、缅甸、日本等国的僧人，也慕名而来巡礼求法，其中，朝鲜和日本尤甚。如日本入唐求法高僧圆仁归国后，于861年在比睿山延历寺仿照五台山大华严寺菩萨院的文殊堂建起了文殊楼，修造了文殊像。

据传，唐代五台山佛教最为兴盛的时期，全山寺院达到了360多座，僧尼达数万人，各地兴建的寺院和僧众更是数不胜数。

拓展阅读

在佛教中，认为人生一共存在有108种烦恼，所以，在众多的寺庙中，门前长长的台阶一般都与108有关，菩萨顶当然也不例外，寺前的台阶共有108阶。

佛家把解脱烦恼之道称为"法门"，每踏上一级台阶，就意味着跨入了一个法门，消除了一种烦恼。走过长长的台阶，站在悬有"灵峰圣境"横匾的彩绘牌楼下面，远望周围林立的寺庙和翠绿的山色，就寓意着已经把人世间的108种烦恼全部踩在脚下，成了一个无忧无虑的人了。

藏传佛教的传入和兴盛

自唐朝以后，五台山的佛教步入了平稳发展的阶段，宋太宗时期，敕令建造太平兴国寺，并免除了五台山寺院的税赋，还送五台山寺院经藏、佛像、金币等物，安排寺院住持，遣使造寺，使五台山的僧寺骤然猛增。

宋真宗曾敕令五台山文殊院建重阁，设文殊像。当时五台山共有寺院73座，盛行的宗派有华严、唯识、天台等派。

栖贤寺位于五台山的大社村。栖贤寺寺院建造在悬崖上，从崖底的下院开始，凿石为阶，在凸出的石壁上盖有亭子和殿堂僧舍。

下院正面建有5间殿堂，当中一间为穿堂，接着便是岩壁下的短窄石阶通道，通道中段，外侧凸起的岩石上建有六角亭，称为"观音亭"，亭檐下的横枋上有3幅画，表现的都是观音显示真容拯救受到歹徒和猛兽威胁的凡人事迹。

中段傍岩壁筑7间殿堂僧舍，从小门入内，墙壁与石壁之间很贴近，院道不足1米。中间一段墙壁上画有十八罗汉，6位一组，均为日

常生活状，富有凡世的情趣。

栖霞寺的中殿，内有高约1米，长约两米的铜牛立像，称之为大社铜牛，系五台山十景之一。天王殿内有八角13层木塔一座，高约9米，结构精巧，尤其是斗横，雕工极佳，是五台山唯一的一座木塔。

后殿有一面大鼓，是五台山最大的牛皮大鼓。

龙泉寺原为杨家将家庙，始建于宋代，占地面积约为16000平方米，殿堂僧舍有165间。因这里有九道山岭环抱，泉水清澈见底，称作"龙泉"，龙泉寺因此而得名。

寺中的影壁和牌坊与东院处在一条中轴线上，由108级石板台阶相连。台阶上有座三门四柱的牌坊，采用汉白玉石雕造而成，前后垂檐和三门拱券，都采用镂空雕法，玲珑剔透。

整个牌楼雕满飞龙、花梁、纸扇、宝镜、书笔、尘掸、玉壶等多种图案，形象逼真。这是五台山最出名的石刻牌坊，牌坊整体雄伟壮观，巧夺天工，据说是由工匠耗时6年才建成，牌坊上刻有89条蛟龙，鳞爪俱现，神态逼真。

牌坊后面的东大院前后两进，有天王殿、观音殿、大佛殿等建筑。中院也叫"塔院"，龙泉寺三宝之一的墓塔就位于中院的祖师殿前。墓塔通体用汉白玉石做成，造型和雕工均十分精美。

塔下方台6.4米见方，高1.5米，上边和下边各雕一圈莲花瓣，四角有4位大力士托塔金刚，台基中间内槽的坐佛小像110尊。

墓塔底座为八角须弥座，每角又各雕一力士像，宝壶形塔肚设4龛，各刻一尊弥勒佛像，这是因为普济生前自称弥勒转世，所以弟子特刻弥勒像。

塔腹上面这八角飞檐，配以斗拱，宛若伞盖，既荫被四佛，又美观大方。

在龙泉寺西北方向的山坡上，有一座杨业的瘗骨塔。传说杨业死后，五郎将其尸骨埋葬于此，并建塔纪念。宋太宗后来追封杨业为杨令公，所以后人都将这座塔称为"令公塔"。

金朝建立之后，受汉人崇佛的影响，历代皇帝都倾仰于五台山的文殊圣地。

1137年，金熙宗完颜亶下令在佛光寺重建了7间木构建筑的文殊殿和5间木构建筑的天王殿。海陵王完颜亮于1158年建造了繁峙县灵岩寺，并命御前画臣王逵绘制水陆壁画。

后世宗完颜雍又兴建了万岁寺、平章寺等，并重修了净名寺。在这个时期内，五台山的密宗、禅宗和唯识宗都有长足的发展。

元代帝王尊崇佛教，尤尊藏传佛教。元朝初年，西藏佛教开始传入五台山，忽必烈即位后，封西藏名僧八思巴为国师，八思巴亲到五台山朝礼文殊。

元中统年间，藏族高僧胆巴谒见了忽必烈，奉诏居住在五台山寿宁寺长达10年之久。随着胆巴住台，不少藏族僧人也相继居于五台山，五台山的藏传佛教从此兴盛起来，逐渐促使五台山成为了我国独一无二的汉传佛教与藏传佛教并存的佛教圣地。

元成宗孛儿只斤·铁穆耳亲临五台山朝拜文殊，大做佛事，广修寺院。元武宗海山还数度发军，到五台山修建寺院。元仁宗爱育黎拔力八达曾特敕"置五台寺济民局"和"敕五台灵鹫寺置铁冶提兴司"。

英宗硕德八剌"禁五台山樵采"并"驾幸五台山"，敕令重修寺院。泰定帝也孙铁木儿"敕建殊像寺于五台山，赐田三百顷"，大做佛事。

元代在五台山重修和新建的寺院和塔院寺有10多座，并规定每寺住僧300人。在元代，除了藏传佛教兴起之外，其他宗派如华严宗、慈恩宗、禅宗也颇为兴盛，并涌现出了不少高僧。

1302年，泰定帝也孙铁木儿在五台山显通寺的南侧建立了塔院

寺。因院内有大白塔，所以起名为塔院寺。塔院寺坐北朝南，沿中轴线分布的建筑有影壁、牌坊、石碑、周门、山门、钟鼓楼、天王殿、大慈廷寿宝殿、塔殿藏经阁，以及山海楼、文殊发塔等建筑，气魄雄伟，有殿堂楼房130余间，占地面积15000平方米。

塔院寺门前，有3门木牌坊一座。这一木牌坊斗拱雕工精美，顶饰典雅兴大方。所有木制构件都经过精工雕饰，用工精细，是塔院寺中的珍贵木雕作品。

在五台山众多佛塔中，耸入云天的大白塔，是整个寺院的主要标志，其他塔犹如众星捧月一样簇拥着它。大白塔的全称为释迦牟尼舍利塔，从而便简称其为舍利塔，习惯性称为五台山白塔。

这座塔拔地而起，凌空高耸，在五台山群寺簇拥下颇为壮观，人们把它当做五台山的标志。

据《清凉山志》记载，大白塔在汉明帝以前就已经存在。佛教有一传言，486年释迦牟尼佛圆寂之后，尸骨炼就成8.4万个舍利子，古印度阿育王用黄金七宝铸成了8.4万座佛舍利塔，分布于大千世界中。我

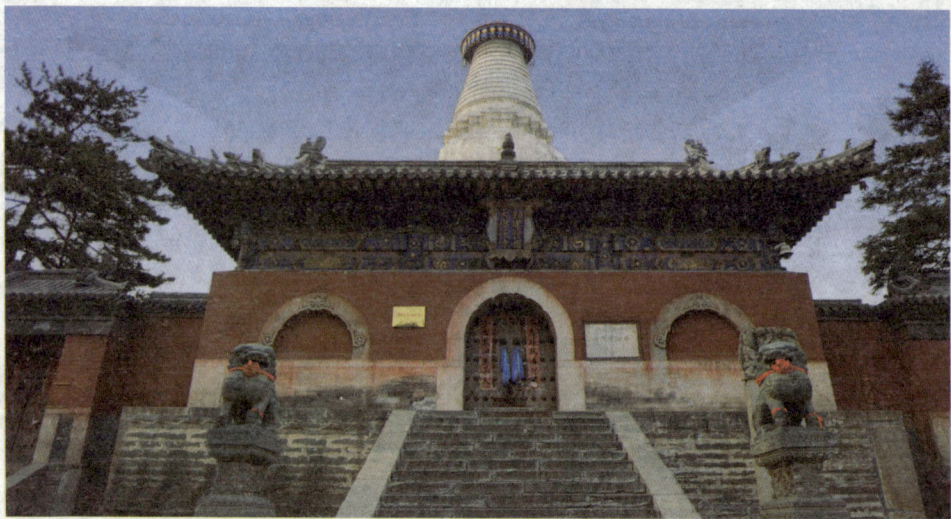

国有19座，五台山独得其一，称之为"慈寿塔"。

相传东汉明帝时，西域僧人摩腾就是看到五台山台怀之地似佛祖说之灵鹫山，且此地已有一佛塔才奏明汉明帝在五台山修筑寺院的。由此可知，佛舍利塔，应该建造于五台山兴建佛寺之初。

1302年，尼泊尔匠师阿权尼哥设计建造并完善了大白塔，将以前的慈寿塔置于大塔腹中。该塔工程之大，建造之难，为五台山之冠。大白塔位于殿阁之间，雄伟挺拔，直指蓝天，有气壮山河、一览五台的气概。

大白塔外形为藏式，高50米，塔基为正方形。建塔时，砖缝全部用米浆、石灰搅拌后砌筑而成。塔面呈白色，高高钻入云天，白塔形如藻瓶，塔利、露盘、宝珠等都是用铜铸成的精致装饰品。

白塔上，风磨铜宝瓶系以垂带，悬以铜铃，风吹铃动，252个铜铃"叮当"作响，清脆悦耳，回荡在五台山上空。白塔下层建有3间塔殿，内有三大士铜像，有瓷质济公和尚塑像和木雕刘海戏金蟾像等。

白塔东面还有一座小塔，取名为文殊发塔，外抹白灰，通体白净，状如宝葫芦。相传文殊菩萨显圣遗留的金发，就藏其中。

大白塔底坐碹洞里有佛足碑，石碑上所刻的佛足足印长1.6尺，宽6寸，足心有千幅轮相和宝瓶鱼剑图，10个足趾有华纹字。

据下部碑文的解释来看，释迦牟尼去世前站在一块大石上，对他的弟子阿难说："我最后留此足迹，以示众生。谁见到此足印，瞻礼供养，就能免罪消灾。"

唐玄奘西行取经时，把这佛足印也拓下带回，唐太宗敕令将佛足刻在石上，立于祖庙。到了后来的明代，寺僧又按图刻石，并供养在大白塔下。周围还立有其他蒙、藏、汉文各类碑记数十通。

文殊发塔北侧建有面宽5间，高2层的大藏经阁。正中门顶上挂有一块木匾，上有后来清朝皇帝乾隆皇帝御笔题写的绝句一首：

两塔今唯一尚存，既成必坏有名言。
如寻舍利及丝发，未识文殊与世尊。

在藏经阁内有一木制经架，叫转轮藏，六角形构成上大下小形状，每层分若干小格，放置经书。最下层底下有转盘，人力推动，能够来回运转。

所以制成这种转轮藏，按佛教的说法是转动诵经，能为朝山拜佛者消灾除难。藏经阁存有汉、蒙、藏多种文字的经书2万多册。

塔院寺内，还有大雄宝殿5间，藏经阁位于大雄宝殿后，白塔位于大雄宝殿和藏经阁之间，塔周围有廊房围绕，塔院寺东部，还有布局完整的禅院。

出身于僧侣的明代开国皇帝朱元璋，刚一登基就实行了保护佛教，兴隆佛教，尤尊汉藏佛教圣地五台山的政策。他先后召见了五台山的高僧璧峰和具生吉祥，分别颁赐紫衣、金钵、度牒、御制诗等。

明成祖朱棣派人迎请西藏名僧哈里嘛入京，敕封为大宝法王，令

他统领天下的佛教，遣使护送哈里嘛到五台山的显通寺内安置，后又敕修佛舍利塔及显通寺，还在寺中塑造了哈里麻的肖像。

藏传佛教格鲁派祖师宗喀巴的弟子释迦耶希曾到五台山巡礼弘法，入京后受到明成祖的盛情接待，并封他为大国师，赐金印、经像、金银器等物。之后释迦耶希往五台山，朱棣又几次致书慰问。

后来，明英宗朱见深敕造《大藏经》送往五台山普恩寺，送五台顶供养，又敕谕护持显通寺。朱见深遣人送镀金文殊像一尊、画幅百轴、香金5000两、布帛1000匹、念珠万串等给五台山文殊寺，并制书盛赞圣地，下令敕修文殊寺。

至明武宗朱厚照时期，下令敕建了铜瓦殿，赐额广宗寺，又敕梵僧于中台顶建寺，铸铁为瓦，赐额演教，敕旨护持。

在此期间，藏传佛教格鲁派在五台山得到了迅速的发展。永乐年间，藏传佛教格鲁派高僧哈立麻在五台山居住一年，藏传佛教格鲁派祖师宗喀巴之弟子释迦耶希先后在五台山居住4年，使藏传佛教格鲁派

在五台山兴盛起来。

1573年至1620年间，五台山的佛教兴盛繁荣起来。明神宗朱翊钧为母祈福，重修了大白塔，并下令敕造《大藏经》两藏送往五台山。

派遣大使在五顶和狮子窝设弘福万寿报国佑民吉祥大斋，又先后几次送《大藏经》，于狮子窝与五台顶安置。并在五台山设龙会，赐全山僧人锡杖和衣钵1200副，其母李太后也舍钱于五台山修建寺院。

一时间，五台山的寺院剧增，全山达104座，僧侣众多，佛事兴盛。宗派以禅宗和藏传佛教最为兴盛，而华严、律宗、净土其他宗派也都有所发展。

明英宗天顺年间，建造了普济寺，因地处北台叶斗峰之下，所以也叫做北山寺，寺周"群峰凝碧"，因而又称碧山寺，后来更名为"碧山十方普济禅寺"。

碧山寺坐北朝南，背山面水，是一座香火缭绕的古老寺院。碧山寺居高临下，亭台楼阁，星罗棋布，被两丈多高苍翠葱郁的白杨树包围着。

淙淙泉水，清脆可闻。沐浴在阳光之下的幢幢殿宇，掩映在水光山影之间，雄伟壮观。庙门前高悬横匾额一方，上书"护国碧山十万普济寺"几个鎏金大字，两侧是木制的对联，红底黑字，笔力遒劲，异常醒目。

古人曾在诗中写道：

落日碧山寺，萧然古涧边。
白云生翠崦，明月下寒泉。

凡是出家的僧尼和居士信徒到了碧山寺，一律免费食宿，任何人无权逐客。启程时如果缺少路费，寺中还得周济盘缠。

碧山寺这种广济十方僧人的做法，被人们所乐道和赞赏，因此人们也称碧山寺为"广济茅蓬"，茅蓬是寺院的谦称。

清朝以后，历朝君主，无论本人信佛与否，都相继不断地奉行着尊崇佛教的政策。至康熙、雍正、乾隆三朝，尊崇佛教，尤尊藏传佛

教，已经成为一项基本的国策。

五台山是我国佛教名山中唯一汉藏佛教圣地，并且离京城较近，于是清朝的历朝皇帝便特别重视扶持五台山的佛教。

从顺治皇帝开始，就特别重视利用藏传佛教格鲁派来加强蒙古地区与朝廷之间的联系，鼓励藏族的佛教徒朝拜五台山，借以融洽民族关系，五台山藏传佛教权倾一时。

顺治皇帝曾经两次派数十名僧人到五台山，作护国佑民道场，曾命阿王老藏住持五台山的真容院，督理番汉僧众。

康熙皇帝从1684年以后，先后5次朝台，遍礼台顶，朝拜各庙，广赐题碑文匾额，还亲封菩萨顶大高僧丹巴扎萨克为清修禅师，赐提督印和斩杀剑，命山西全省按时进贡钱粮。

1705年，康熙皇帝敕令五台山的菩萨顶等10座寺庙改为藏传佛教寺院，并实行从藏传佛教的高僧中给五台山委任寺院主持的制度，还让统辖内蒙古、青海佛教事务的大活佛章嘉呼图克图住在镇海寺。

乾隆皇帝继位后，效法其祖，曾6次朝台，广题诗文匾额，屡拨巨款，重修寺院。嘉庆皇帝继位后，也到五台山朝拜过。

镇海寺建在陡峻的石山嘴上。寺院因山借势，错落有致，从山腰到山顶形成步步高升格局。寺前有幡杆、石狮，寺内有殿堂楼房100间。

存有4座大殿，分别是天王殿、大雄宝殿、观音殿和关公殿，其中观音殿又称文殊殿，殿内供奉有5尊菩萨，两侧是十八罗汉。

镇海寺的主要建筑是一进三重大殿，天王殿内两壁有四大天王，正中供弥勒佛。中殿内有3尊坐佛，背后饰有"灵光"，一色金身。后殿内正中有文殊菩萨坐卧狮塑像，前侧又有3尊金身坐像。

从中殿西侧的小门穿过是一套院，院内有1712年乾隆皇帝下令建造的十五世章嘉活佛墓塔。

塔基八角，每角塑有大力士，八面雕有精细的人物图案，塔腹正中雕有3尊坐佛，外围有8尊站像。圆腹之上，立有层层内缩的尖顶，造型别致，雕刻精细华美。

章嘉活佛是藏传佛教格鲁派中一个历代沿袭的职位，其地位仅次于达赖和班禅活佛。康熙皇帝尊章嘉活佛为"大国师"，让其统管内蒙古50个旗，镇海寺的规模日渐庞大。

自从康熙皇帝将罗睺寺改为

藏传佛教寺院，并常住藏族僧人之后，青海、甘肃等地的藏族佛教徒纷纷前来朝圣五台山，并在该寺居住修持。

后来僧众逐渐增多，道光年间，修建了十方堂，也就是广仁寺，专门招待从远地来的僧人和少数民族善男信女。由于广仁寺没有地产，日常佛用开支仍然由罗睺寺担负。

广仁寺与罗睺寺仅一墙之隔，规模较小，但布局很严整。寺中存有藏文大藏经《甘珠尔》，非常珍贵。寺内有三进殿宇，殿宇两侧配楼房长廊。殿堂和殿堂设置具有浓厚的藏传佛教寺庙特色。

在清代，蒙藏佛教徒对五台山的崇拜非常厉害，在每年4月至10月期间，前来进香者络绎不绝，使五台山的藏传佛教达到鼎盛时期。至嘉庆时，五台山有规模宏大的藏传佛教寺院共26座，僧人数千余人，其中菩萨顶一寺就有僧人561人。

至清末，五台山有青庙78座，僧侣也在千人以上。清代汉传佛教宗派继承了明末时期的传承，以禅宗为主，禅宗中以临济宗居首。直至近代，五台山的藏传佛教格鲁派仍然保持着一定的规模。

拓展阅读

在罗睺寺内有一朵高竖的莲花，内含4尊佛像，有时八瓣莲花会缓缓绽开，现出四方阿弥佛，被称为"开花现佛"，一直被视为五台山的一个奇观。

其实，这只是巧设机关人工操作的结果。这朵高竖的大莲花与下面的大圆盘用通柱连在一起，当僧人在圆盘下的暗室驱动木轮的时候，通柱就会随之转动，莲花就会相应地开启或闭合，于是，就出现了人们眼中的开花现佛景观。

四川峨眉山

　　峨眉山位于四川省峨眉境内，面积154平方千米，最高峰万佛顶海拔3099米。它地势陡峭，风景秀丽，有"秀甲天下"之美誉。峨眉山是我国四大佛教名山之一，作为普贤菩萨的道场，主要崇奉普贤大士，有寺庙26座，其中的八大寺庙，佛事频繁。

　　峨眉山平畴突起，巍峨、秀丽、古老、神奇。它以优美的自然风光、悠久的佛教文化、丰富的动植物资源和独特的地质地貌而著称于世。

画中姑娘幻化的峨眉山

从前，在峨眉县城的西门外，有一个西坡寺。有一年，一个白发苍苍的老画家在寺内留宿，主持和尚自幼喜欢书画，时间一长，就和老画家结下了深厚的友谊。

一天，风和日丽，绿柳低垂，画家邀请和尚同游乐山乌尤寺。和尚笑着推辞说："这里离乐山有几十里路，来回要一天时间，很不方便。"

画家见和尚不去，便独自去了。不到半天工夫他就回来了，还带回来几幅乌尤寺的画送给和尚。

和尚心里十分高兴，但是同时也感到非常奇怪：为什么画家不到半天就游完乌尤寺回来了？这个谜和尚一直猜不透。

又过了几天，画家来向和尚告别，并付给食宿费用。和尚坚持不收。

画家见和尚不愿收钱，猛然想起和尚喜欢画，便拿出笔墨纸砚对和尚说："你不收钱，那我就画几张画送给你。"

和尚听了，满心欢喜。

不一会，画家就画好了4幅画，每一幅上都画着是一个美丽的姑娘。第一幅画的是一个身穿绿衣绿裙，头上披一条白色纱中的姑娘；第二幅画的是一个身穿红衣红裙，头上披一条绿色纱中的姑娘；第三幅画的是一个身穿蓝衣蓝裙，头上披一条黄色纱中的姑娘；第四幅画的是一个身穿黄衣黄裙，头上披一条红色纱巾的姑娘。

因为古时候称美丽的姑娘叫娥眉，所以画家把4幅画题名为《娥眉四女图》。

画家把画交给和尚，并且嘱咐他："你把画放在箱子里，等过了

七七四十九天以后再拿出来挂。"

画家走后，和尚想，这样好的画放在箱子里太可惜了，何不挂出来让大家观赏观赏呢？于是就把这4幅画挂在了客堂里。

一天，和尚从外面回来，忽然看见有4个姑娘正坐在客堂里说说笑笑。

和尚看着这几个姑娘很面熟、又觉得很奇怪，刚才出去时并没有见到过这几个姑娘呀，就问："你们几个姑娘是来游庙还是拜佛呀？"

4个姑娘并不答话，只是嘻嘻地笑着往外跑。

这时，和尚忽然发现壁上4幅画上的美丽姑娘都不见了，原来跑出去的4个姑娘就是画上的呀！

于是，和尚就在后面追。3个姐姐跑得快点，跑到前面去了，四妹跑得慢，落在后面。姐姐们回头一看，见四妹还在后面，就停下来等她。

这时，和尚已经追上四妹，抓住了她的裙角，要拖她回去。四妹见不得脱身，就喊："大姐、二姐、三姐，快来救我！"

3个姐姐见四妹被和尚拖住不放，就生气地骂："这和尚真不害羞！"

四妹因为隔得远，只听到

"不害羞"3个字，以为姐姐们在骂她，羞得满脸绯红，无地自容，便立刻变成一座山峰。

和尚忽然不见了姑娘，面前却出现了一座大山，心想，你变成山我也在旁边守着你，反正不能放走你。

3个姐姐见四妹变成了一座山，也变成3座山等着她。后来，和尚死在山旁边，变成了一个瓷罗汉，仍然守着山。人们在那里修了一个庙宇，就叫"瓷佛寺"。四姐妹变成的4座山峰，一座比一座美。

后来人们就把娥眉的"娥"字改写成山字旁的"峨"字。大姐就叫大峨山，二姐就叫二峨山，三姐就叫三峨山，四妹就叫四峨山。从此，大峨山、二峨山、三峨山并肩站在一起，只有四峨山隔了一段距离。后来，人们就把这4座山峰合称为峨眉山。

拓展阅读

关于峨眉山的来历，还有这样一个美丽的传说。

从前，峨眉山只是一块方圆百余千米的巨石，颜色灰白，高接蓝天，寸草不生。一个聪明能干的石匠同他的妻子巧手绣花女，决心用他们的双手将巨石打凿成一座青山。

天上神仙被他们的决心和努力所感动，就下凡帮助他们。

在神仙的帮助下，石匠把巨石凿刻成起伏的山峦和幽深的峡谷，绣花女把精心绣制的布帕和彩帕抛向天空，彩帕飘向山顶，变成艳丽无比的七彩光环，布帕飘舞在石山上，变成苍翠的树林、飞瀑流泉、怒放的山花，变成欢唱的飞鸟、跳跃的群猴和游走的百兽。因为这座青山像绣花女的眉毛一样秀美，所以人们把这座青山叫峨眉山。

佛、道、武术的交融发展

峨眉山原是道家的仙山，春秋战国时期，一批又一批道家人物来到峨眉山，他们有思想、有文化、有精神境界与追求。

东汉时，道教的张陵在峨眉山周围地区设有"六治"，其中的"本竹治"就在峨眉山地区。后来，张陵的孙子张鲁于198年增设"八品游治"，其中的第一治就是"峨眉治"。

至汉代，当东汉王朝通过各种途径与西域各国进行

经济文化交流的同时，佛教随之传到了乐山地区。

晋代，佛教开始传入峨眉山，这些僧人在峨眉山开始修建寺庙，弘扬佛法，使峨眉山在很长的一段时间内处于佛道并存的局面，宫观交错其间，僧人、道士竞相入住。

中峰寺创建于西晋，原先是道教的乾明观。至东晋时，观中开始出现了派别纷争，高僧慧持、明果禅师等先后到峨眉山修持。

僧人明果受到菩萨的开示来到峨眉山的宝掌峰，偶尔听说观中有妖孽作怪，并经常残害愚弄百姓，明果就来到乾明观，弄清人们所说的妖孽其实只是蟒患，经过整治，乾明观附近恢复了往日的宁静。这件事对山民的影响非常大，观中的道士也对僧人明果十分钦佩。

后来，明果大师剃发游山，回蜀后来峨眉山修住，被乾明观道士迎请为住持，主持观中的各项事务。

明果主事之后便改道观为寺，观中的一部分道士也随之皈依佛

门，并更新殿宇，逐步扩大寺庙的规模。因寺后的白岩峰居中，故取名为"中峰寺"。

中峰寺是山中道观改寺的初始，至后来的唐僖宗中和年间，慧通禅师将中峰寺改建后更名为"集云寺"。北宋仁宗时茂真禅师又扩建寺宇，更名为"中峰禅林"或"中峰古刹"。

中峰寺坐南朝北，为四合院式布局，进门右侧兼有跨院，中轴线对称，由前殿普贤殿、后殿大雄宝殿及厢房组成，内外施回廊。

普贤殿和大雄宝殿当心间为抬梁式梁架，其余为穿逗式，重檐滴水，歇山式屋顶，小青瓦屋面，殿前有圆月儿台连接上下踏道，素面台基高4米多，3级平台，前后高差近7米，是峨眉山难得的习静之地。

东晋时期，陆陆续续有高僧来峨眉山结茅修住，讲经布道，对佛教在峨眉山的发展起了奠基作用。

南北朝时，梁武帝萧衍崇信佛教。

相传从印度来的宝掌和尚在梁武帝时来到了峨眉山，在宝掌峰结茅住锡，取名为"宝掌庵"。

之后，又有西域僧人阿罗婆多尊者来峨眉山游历，看到峨眉山山水环合，和西域化城寺的地形极为相似，就决定在此修建道场。因当时山高无瓦，而且易冻裂，所以就用木皮盖殿，称为"木皮殿"。这时，淡然大师也在峨眉山弘传佛法。

至唐代，一些帝王支持并信奉佛教，带动许多下属官员，镇蜀的官吏也开始信佛，在朝廷和官府的双重影响下，四川民间的崇信佛教现象较为普遍，促进了佛教在峨眉山的发展。

这一时期，外地僧人西禅、白水、澄照、正性、灵龛和尚等相继来到峨眉山结茅建寺，传教弘法，牛心寺、华严寺等都是在这个时期建成的。

牛心寺位于牛心岭下，唐僖宗时，江陵慧通禅师将其改为"卧云寺"。

965年，宋太祖赵匡胤召开封天寿院的僧人继业三藏等去往天竺求取舍利以及《贝叶经》，继业一行从印度带回大量的经卷和佛骨舍利敬奉给朝廷，并令继业选择一座名山将这些圣物修持典藏起来。

继业周游了普天下的名山大川之后，选在峨眉山安身，并新修了一座寺院以供养终身，寺院建成后取名牛心寺。

至1369年，安徽凤阳凤凰山龙兴寺的僧人广济禅师来到峨眉山。相传广济和明太祖朱元璋交往甚密，朱元璋称帝后，广济不愿接受朱

元璋的宣诏，便入峨眉山禅隐。

广济禅师根据寺周山水怀抱的天然风貌，又见亭、台、楼、阁与流水潺潺和谐相融，就取晋人左思《招隐诗》中的"何必丝与竹，山水有清音"中的"清音"两字，改寺名为"清音阁"。

由于受地形的限制，清音阁只有一个殿堂，堂内供奉华严三圣，中为释迦牟尼佛，左为文殊菩萨，右为普贤菩萨，堂前建有"接王亭"。

清音阁是上山朝拜的必经之地，寺庙虽小，地势险要，居高临下，气势逼人，山环水绕，景色优美。整体布局体现了"自然造化，天人合一"的意境，被称为我国佛寺园林建筑的典范。

后来，慧通禅师发现山相属火，于是改华严寺为"归云阁"，改中峰寺为"集云寺"，改牛心寺为"卧云寺"，改普贤寺为"白水寺"，改华藏寺为"黑水寺"，以三云二水压抑火星。经过慧通禅师等高僧大德的苦心经营，为佛教名山的形成创造了条件。

至唐宋交替时期，佛教在峨眉山的发展较快，寺庙增多，高僧辈出，影响很大，帝王也时有敕赐。在这个时期，峨眉山的道教发展昌盛，与佛教旗鼓相当，道教将峨眉山称为"第七洞天"。

至宋代，宋太祖赵匡胤和宋太宗赵光义都对佛教给予了大力的支持。

伏虎寺位于瑜伽河与虎溪汇流

处，是峨眉山最大的比丘尼寺院。

伏虎寺原为一小庙，名为药师殿，由行僧心庵开建。南宋绍兴年间，行僧心庵再建。伏虎寺得名，一说寺院附近山中有虎伤人，僧士性建"尊胜幢"以镇虎患，于是改名伏虎寺；一说因伏虎寺的后山形如伏虎而取名。

清顺治年间，贯之和尚率弟子可闻大师重建寺院，历时20多年，更名为"虎溪禅林"，也称"伏虎寺"，为当时峨眉山最大的寺庙之一。

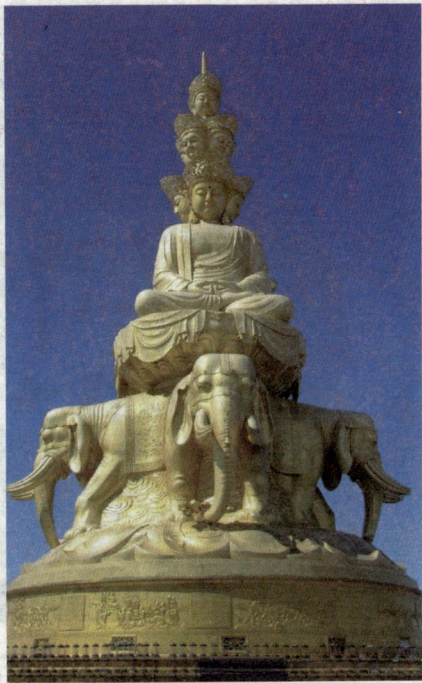

后来，可闻大师的徒弟寂玩上人在寺周广种杉树、桢楠、柏树，按《法华经》一字一棵，称"布金林"。布金林古木参天，浓荫蔽日，伏虎寺整座寺院均掩映在密林之中，有"密林藏伏虎"之称。

然而，寺院的屋顶上却终年无败叶堆积。于是，清康熙皇帝赐伏虎寺"离垢园"3个字，为佛教圣地远离尘垢之意。

到伏虎寺朝圣，进入寺门便是弥勒殿，殿内供有金身弥勒佛坐像，两侧分塑四大天王坐像。弥勒殿后是韦驮殿，内有韦陀菩萨金身坐像。

普贤殿内供有普贤菩萨金身像，背龛供奉阿弥陀佛圣像。大雄宝殿内正龛上供有"三身佛"，佛像十分庄严。按照佛教的信仰，"三身佛"是释迦牟尼佛的3种不同表征，即法身佛、报身佛、应身佛。

殿内左龛供奉文殊菩萨像，右龛供奉普贤菩萨像，左右两侧是

十八罗汉，后龛为观世音渡海像。

伏虎寺内有全山唯一的罗汉堂。罗汉堂高大雄伟，恢弘庄严。殿内供奉的五百阿罗汉均按照佛教传统塑造，造像生动，流金异彩，佛教氛围十分浓郁。

洪椿坪位于宝掌峰下的一片丛林之中。其中，必经90多折共计3200多级台阶的"蛇倒退"长坡才能苦尽甘来，抵达峨眉山中最佳的避暑胜地洪椿坪。

洪椿坪上建有洪椿寺，最初由宋代僧人楚山性一禅师所建，原名千佛禅院，也称"千佛庵"。后来在明代崇祯时期扩建，在清乾隆年间毁于大火，不得不再一次重建。因寺前有3棵洪椿古树，所以重建后的寺庙也因此被叫做"洪椿寺"。

这3棵洪椿，一棵在寺院的南面，在大火中被焚，但枯木屹立百年而不倒；另一棵在高岩边，约在百年前的一次岩崩中掉于山下；最后一棵在寺门左侧的密林中，一直郁郁葱葱，生机勃勃。

这棵洪椿的树龄至少有1500年了，被人们称为"长寿树"。洪椿属苦木科落叶乔木，可几人合抱，有10多米高。传说，洪椿树500年开一次花，500年结一次果。

洪椿坪建有殿宇三重，气势巍峨，蔚为壮观。廊庑简洁，宏阔宽敞。洪椿寺建筑面积5000余平方米，主要建筑有观音殿、千佛楼、林森小院和禅堂、僧舍等。

大雄宝殿中供普贤像，左右为十八罗汉像，雕塑俱佳。藏经楼内中存有一件宝物，那就是悬挂于楼内的一盏七方千佛莲灯，紫檀木雕琢精工彩饰。千佛莲灯高近两米，直径一米，七方翘角，上下刻有几百尊佛像。

七方角柱上有九龙盘柱，上面还刻有云龙怪兽以及神话故事图案，八面玲珑，数百尊生动活泼的人物形象，组成一幅幅神话故事图景，是罕有的艺术珍宝。

灯上造像佛教、道教和平共处，也不多见。七方千佛莲灯设计巧妙、工艺精湛，令人称颂，是寺内珍藏的艺术珍品之一。

洪椿坪上的观音殿右前方有一泓清泉，人称"锡杖泉"。

相传，明代时的洪椿坪香火旺盛，僧众云集，寺僧人数多时可高达千人以上。但寺庙里却极为缺水，寺院住持德心禅师持杖祈祷，用锡杖凿岩引水，感动了天池的仙女，就给这里送来了一股清泉。锡杖

泉四季不枯，甘甜清洌。

　　与此同时，峨眉山的道教也有很大的发展。许多道观，如东岳庙、玉皇观、雷神祠、关帝庙等都兴建起来。许多地名如"龙门洞"、"仙皇台"、"九老洞"、"三霄洞"、"女娲洞"、"伏羲洞"等都是以道家经典而取名。当时的著名道人陈抟曾从华山来此修行，并自号"峨眉真人"。

　　北宋后期，由于宋朝皇帝不遗余力地提倡佛教，在朝廷的扶持下，峨眉山开始成为"普贤道场"。

　　在道教兴盛发展的时候，峨眉山的佛教出现了许多宗派，但在长期流传过程中，其他宗派都逐渐消失，唯有临济和曹洞两派流传下来。

　　所谓的"峨眉临济气功"是南宋末年峨眉山佛教林济宗白云禅师所创立，一直在临济宗内部流行，不得外传，故称"临济气功"。

　　据说，白云禅师原来为道家，后转入佛门，并且对医学颇有研究。他集医、道、释、武术精华于一身，融养生、医疗、技击为一体，创造出一套独具特色的临济气功。

　　古代有关峨眉武术的文字记载很少，在后来明代抗倭名将唐顺之所著的《荆川先生文集》中有诗一首，题为《峨眉道人拳歌》。全诗共30行，每行七言，对峨眉拳术进行了非常生动形象的描述。

例如，诗中写道：

忽然竖发一顿足，岩石迸裂惊沙走。
来去星女掷灵梭，夭矫天魔翻翠袖。

是写峨眉山道人的个人表演，他起势蹬足，石破砂飞，足见得力量之大，接着道人行走往来如穿梭，身段玲珑，翠袖翻卷，姿势十分优美。

百折连腰尽无骨，一撒通身皆是手。
犹言技痒试贾勇，低蹲更作狮子吼。

这4句是写道人武功精深，软若无骨，伸缩、开合、变化自如；行动敏捷，臂肘之快如全身是手。

> 余奇未竟已收场，鼻息无声神气守。
> 道人变化固不测，跳上蒲团如木偶。

这4句写道人掌握的技能很多，表演出来的只是一小部分，"余奇未竟"，怀想不绝。接着写道人跳上蒲团，立即入静，由大动转入大静，安详自然，没有过硬的功夫是绝对办不到的。

全诗记述了峨眉拳从起式至收式的整个表演过程，同时也描述了峨眉拳的身法、击法、呼吸、节奏等各个环节。

有文字记载的峨眉武术，始于南宋时代。南宋时期，峨眉山有个法号德源的和尚，他原是一个游方僧，武艺高强，因其眉毛为白色，世人称之为"白眉道人"。

德源和尚创编了一套拳术，称为"白眉拳"，主要流行于四川、

广东、香港、澳门一带。此拳的特点是模仿山中的白猿，在草地上跳跃翻滚，舞手动脚，敏捷异常。

德源法师不仅武功非凡，而且文才出众。他收集峨眉僧道武术之长，结合自身经验，编写了《峨眉拳术》一书，是有关峨眉武术的最早的文字记载。

从此以后，峨眉山佛教才有了较为系统的武术理论和实践经验，在武林中形成了自己的体系和风格。

仙峰寺面向华严顶，背靠危崖，由洪椿坪上行约八九千米可以到达。仙峰寺原名慈延寺，始建于元代，初为一小庵。

明代初，寺中建有专门存放明神宗御赐大藏经的藏经楼，后来经本炯禅师扩建为大寺，名"仙峰禅林"。后来毁于大火之后再度重建，建成之后改名为"仙峰寺"。

仙峰寺的第一殿原为财神殿，后改供弥勒菩萨，称弥勒殿，最后有改回财神殿。殿上悬有匾额"仙峰禅林"，两边有联语：

问九老何处飞来，一片碧云天影静；
悟三乘遥空望去，四山明月佛光多。

殿堂内左壁悬挂有4扇木屏，简述了仙峰寺沿革及九老洞的传说。

　　九老洞位于九老峰下，相传是天英、天任、天柱、天心、天禽、天辅、天冲、天芮、天莲9位老人栖息之所。洞口高踞在仙峰岩，下临黑龙潭，有陡直的天然磴道通向洞中。

　　磴道两侧有的石桩护栏。进洞130米，洞道平均高、宽约5米，宽适易行，洞内有如乌鸦的大蹄蝠和金丝燕，成群结队。前行有石床、龙泉、仙桥等，传说是仙人所造。

　　主洞道尽头有一石龛，供着一尊神像。这尊石像是8世纪中叶的隋代眉州太守赵仲明，因治理岷江大渡河水患造福一方，被老百姓拥戴为川主之神，仙居其中，所以建造神像进行供奉。再前行，则为大小不同纵横错落的67个岔洞，蜿蜒曲折。

　　洞内的石钟乳、石笋、石柱、石芽等，或如万剑悬垂，雨后春笋。或如巨型盆景，微型石林。或如琪花蕙草，异兽珍禽。或如仙女下凡，和尚念经。俨然是一座古朴而新奇、典雅而森严的艺术宫殿。

仙峰寺的第二殿是大雄殿，殿中供奉释迦牟尼佛，两旁为十八罗汉，背面供奉阿弥陀佛、文殊菩萨、普贤菩萨、地藏王菩萨、观世音菩萨、日光遍照菩萨和月光遍照菩萨，全部为脱纱佛像。

殿内悬挂有一联：

此地有崇山峻岭，茂林修竹，峰头外布些慈云，常庇琉璃世界；

愿人出孽海迷津，名场利薮，洞口前撑来宝筏，普度亿万生灵。

第三殿是舍利殿，供奉汉白玉雕刻的药师佛像。有舍利铜塔，六方七层，高3.6米，通体敷金，金光闪闪。

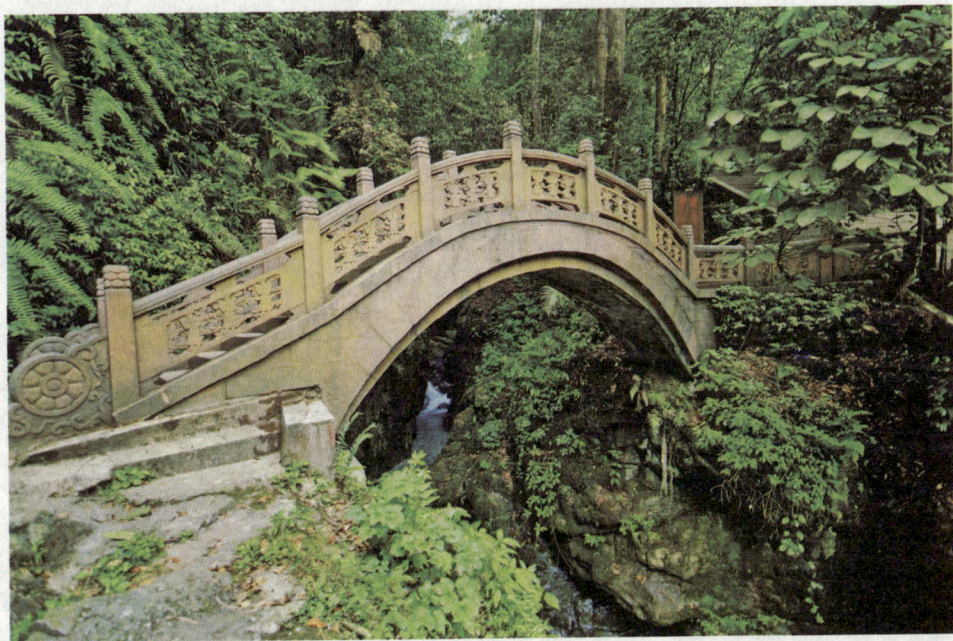

之后，上海龙华寺的僧人清福曾3次从越南、泰国、新加坡、印度、锡兰取回佛骨舍利、贝叶经和玉佛，并将舍利3枚、贝叶经两卷留赠在仙峰寺内，并建造舍利殿进行存放。

寺前有九莲池，四周石栏上有许多文字题刻。

仙峰寺周围生长着许多珙桐树，花呈白色，形如鸽翼，微风吹拂，翩翩起舞，是极为稀少的一种植物，被人们称为"鸽子树"。

至明代，峨眉山的道教日趋衰败，而佛教却继续兴盛发展。明太祖朱元璋曾为皇觉寺的僧人，对佛教本身就有好感，曾敕封宝昙和尚为国师，并于洪武年间派遣国师来峨眉山重建铁瓦殿。国师留蜀10年，道化大行。圆寂后，太祖赐诗两首，以昭其德。

1466年，普光殿毁于火灾，住持了鉴和尚募化，蜀王朱怀园捐资重修，历经3年修建完成。

1534年的嘉靖甲午年，慧宗别传禅师来峨眉山，在峰顶饰新铁瓦

殿，创建了新殿，并铸普贤铜像一尊、铜佛65尊于金顶。

铸普贤三身铜像供奉在白水寺的毗卢殿内，在白龙洞外按《法华经》，以字计棵，广植楠柏，名为"功德林"。并铸铜钟3口，分置白水寺、永延寺、圣积寺。圣积寺铜钟最大，计1250千克，神宗朱翊钧特赐号为"洪济禅师"。

1568年，通天明彻大师来礼普贤礼佛，后在千佛顶结茅驻锡。

1573年在天门石下建一海会禅林，安住众僧，持戒10年，道望益隆，声闻朝廷。他的弟子无穷大师，秉承师志，于万历年间云游楚蜀，募铸高12米千手千眼观世音铜像一尊，迎回峨眉。

后来赴京奏请慈宫，太后赐金敕建大佛寺，安奉大士铜像。并于万年寺侧建慈圣庵，供太后像及珍藏朝廷赏赐的经卷、袈裟、法器等物。

1601年，慈禧太后赐金，敕令在白水普贤寺修建宫殿，覆罩普贤愿王铜像。神宗朱翊钧御题"圣寿万年寺"额，为太后祝禧之意，白水普贤寺由此更名为"圣寿万年寺"。

华藏寺全称为"永明华藏寺"，位于峨眉山金顶主峰。金殿是华藏寺的其中一殿，所处位置最高，与华藏寺合二为一，统称"华藏寺"，俗称"金顶"。

明洪武年间，国师宝昙奉旨来山重修寺院，因山高风大，云南总兵祁三升捐资，将殿顶覆为铁瓦，俗称铁瓦殿，按察赵良壁增修。

1601年，山西五台山的妙峰和尚和唯密禅师来峨礼行普贤，发愿铸三大士鎏金像以铜殿放在几大名山，即募西蜀藩王潞安沈王朱模携得黄金数千两，送往湖北荆州监制。

历经数载，先后铸造铜殿3处：一在峨眉山；二在五台山；三在普陀山。后又奉慈禧太后旨意"赐尚方金钱，置茸梵修常住若干，命方僧端洁者主之。"

四方檀越也慷慨捐助，共襄胜举，后来神宗朱翊钧还敕赐峨眉山永延寺藏经一部。

1615年秋天，在大峨山铁瓦殿后的最高处做成了普贤愿王铜殿，铜殿通高8米多，宽4米多。

铜殿上部为重檐雕甍，环以绣楹琐窗，殿中祀大士铜像，傍绕万佛，门枋空处雕画，云栈剑阁之险，顶部通体敷金，巍峨浩漾，迢耀天地，故称"金殿"或"金顶"，明神宗朱翊钧御题横额称"永明华藏寺"。

1890年正月，铜殿毁于一炬，寺里的僧人心启、月照和尚新建约180平方米的砖木构造的殿堂，铜碑、铜门等法器放置其中，殿脊之上置以鎏金的宝顶，仍不失金顶的庄严华贵。

金顶华藏寺依山势而建，中轴线上由低到高分布着三重殿堂。

第一殿是弥勒殿。殿门上悬挂着"华藏寺"金匾，寺内供奉铜铸弥勒佛像，背后是韦驮铜像。殿内还有三足铜鼎和明万历年间的铜碑等文物。

第二殿是大雄宝殿。殿中供奉着铜质金身的三身佛，坐高3米。殿内还有铜磬、铜钟等法器以及铜铸像、铜普贤像等佛教文物。

第三殿是普贤殿，即金殿、金顶，是峨眉山最高的殿堂。殿门的

匾额有金顶"行愿无尽"、"普贤愿海"、"华藏庄严"等。

殿内供奉普贤骑象铜像,普贤端坐在莲花台上,手执如意,莲台置象背上,白象脚踏4朵莲花。整个造像通体铜铸,通高4.5米,殿内还有铜鼎等物。

洗象池位于峨眉山海拔2千米的钻天坡上,明代时仅为一亭,称"初喜亭",后改建为庵,名"初喜庵"。

1699年,由行能禅师改建为寺。乾隆年间由月正和尚整修寺前的钻天坡和寺后的罗汉坡道路,并将寺前小池改建为六方,池畔放一石象,以应普贤菩萨洗象之说。

相传普贤菩萨骑象经过时,白象曾在水池中沐浴,故改名洗象池,又称天花禅院,建有弥勒殿、大雄宝殿、观音殿和藏经楼等。

寺门外不远处竖有两碑,一刻"鹤迹余古雪,猿声出绿萝"字样一刻"菩萨曾来池涌玉泉堪洗象,众生向上坡连云路好钻天"。

洗象池的第一殿为弥勒殿,殿内供奉弥勒佛像高两米,殿后为金

身护法韦驮菩萨像。

第二殿是大雄宝殿，殿额是遍能大和尚所书写的。殿内供奉普贤菩萨骑象金身，两旁为十八罗汉。殿后供奉西方三圣，金身站立莲台之上，高约3米。殿内有一口铜钟，高1米，直径1米。

第三殿为观音殿。供奉观世音菩萨，两壁悬挂20幅观世音菩萨像，每幅高1.2米，宽0.8米。

洗象池的寺藏文物比较丰富，藏经楼上供有一瓷制观世音菩萨像，带座高约尺余，制作精良。同时，还有其他珍贵的文物。

洗象池原名"初喜亭"，意为到此以为快到顶了，心里欢喜。实际上，此处离金顶尚有15千米。此处属高寒地带，雨雪多，故而其殿矮小，并用铁皮盖房。

洗象池风景很美，寺周冷杉枝繁叶茂，每当云收雾敛，碧空万里，月朗中天，月光透过冷杉林，映入池中，水天一色，宛若置身云霄，令人气爽神怡。

明代中晚期和清初，由于朝廷和地方官吏支持佛教，峨眉山修建寺庙很多，全山无峰不寺。

从报国寺至峨眉县城，沿途也有山上各寺院修建的脚庙，如圆通寺、保宁寺、菩提庵、圆觉寺等，这些虽是附属小庙，但也有属于自己的庙名，并各为一寺。

而在同时，道教却在峨眉山趋于衰落，许多道观改为佛寺，出现了与佛教合流的趋势。

明万历年间修建的纯阳殿，是当时最大的道观，观内供奉吕祖、三霄之像。但是至清代的乾隆年间，观内已无道士居住，被僧人所占，峨眉山开始成为清一色的佛教天下，是佛教在峨眉山的鼎盛时期。

清代顺治时期，贯之和尚率弟子可闻等在伏虎寺旧址重建"虎溪精舍"。后来，川省大僚捐资重建伏虎寺，历时20多年完成，殿宇十三重，宽敞辉煌，冠于全山。

康熙帝爱新觉罗·玄烨曾亲笔御题"离垢园"3个字悬于寺内，寓意佛门圣地远离尘垢。

1702年，康熙钦派一等侍卫海青等到峨眉山降香。康熙帝赐给峨眉山大批经卷及匾额、楹联、诗文。赐降龙院"普贤愿王法宝"玉印一枚和"善觉寺"额，并赐住持元亨诗一首，以示褒奖。元亨即改降龙院为"善觉寺"，并在院内建亭供奉玄烨像，以报国主恩。

1745年，乾隆皇帝为千佛禅院洪椿坪御书"性海总涵功德水，福

林长涌吉祥云"的联语。清代中晚期以后，峨眉山佛教逐渐衰落，许多僧人赴外缘佛事，为施主转咒、拜忏、放焰口等，从事应教活动。

从以上事实可以看到，宋代以前，峨眉山佛道共存。但至明代，佛教在峨眉山呈蓬勃发展势头，几乎无峰不寺，信徒日众。相比之下，道教则受到冷落，道士只好下山。在峨眉山释道关系中，曾出现两次将二教融为一体的尝试，具有典型意义。

然而出现二教融合的尝试并不是偶然的。因为佛教自东汉传入我国以后，释、道、儒三教经长期交流，早已是你中有我，我中有你。尽管如此，各教所据经典毕竟大有不同，所以"融为一体"的愿望最终未能实现。

拓展阅读

遇仙寺始建于清代同治年间。关于遇仙寺的得名，还有一个美丽的民间传说呢。

据说古时候有一个人去峨眉山求仙，走到这里，遇一砍柴的农民对他说："清闲无为便是仙，为何走上峨山？"说罢便隐身不见。

此人知道遇上神仙了，心满意足地返下山去。后来和尚便在这里修建了一座寺庙，取名叫"遇仙寺"。大家可以在这里歇歇脚，体会一下"清闲无为便是仙"的哲理。

江西龙虎山

龙虎山，原名云锦山，坐落于江西省贵溪县西南部，是独秀江南的秀水灵山。此地群峰绵延数十千米，以"九十九峰"、"二十四岩"、"一百零八景"著称。

它是我国典型的丹霞地貌风景，因此被列入了《世界自然遗产名录》，是我国宝贵的自然遗产之一。

龙虎山是道教正一道天师派的祖庭，是我国道教发祥地。其山的形状若龙盘，似虎踞，风景秀美，集天地灵气，位居道教名山之首，被誉为我国道教第一仙境。

张道陵炼神丹而龙虎显现

道教是我国土生土长的教派，兴于东汉末年，源于传统文化，因此影响颇为深远。

自古名山僧占多，道士也不落下风。那是公元61年左右，道教正一道创始人张道陵为了寻找修道宝地，他带着弟子王长云游各地，无意间踏入了位于现今江西省贵溪县西南部的云锦山。

张道陵是今江苏省丰县人，他曾是太学的学生，学识渊博，声名远播，在当时吴越一带，有学生千余人，可是他在仕途上却不得志。

转眼间，张道陵已经年过半百了，而且经常身体不适，他不由仰天长叹道："想我一世饱学，竟然对自己的身体和年寿，却没有半点益处，还不如学些延年益

寿的本领啊！”

　　于是，张道陵决定离家远游，追寻长生之道。在临行前，他向众弟子告辞，其中一个名叫王长的弟子，愿意随他同去。张道陵便遣散其他学生，带着王长离开了家乡。

　　师徒两人游遍名山大川，先在河南省洛阳的北邙山等处修道。后来，张道陵带领弟子王长从淮河到达江西的鄱阳湖，在两只仙鹤引导下，不知不觉来到了贵溪的云锦山。只见云锦山犹如99条龙在此集结，山丹水绿，灵性十足，他大喜，视为修道福地，于是在此设坛修炼。

　　传说他们住在云锦山时，张道陵在山岩上发现了一本异书，他照着书中的指点，开始修炼九天神丹。

　　当炼到一年的时候，红光满室。当炼到第二年时，有五色云彩，覆盖在鼎上。当炼到第三年时，神丹终于炼成，有一条青龙和一只白虎同时出现在空中护卫着他，于是他把神丹取名为“龙虎神丹”，也把云锦山改称为龙虎山。

　　张道陵吃了神丹，从此成了神仙真人，开创了“正一道”。后来他便开始云游四海，讲道布教，当时人们称他为张天师。

张道陵的孙子张鲁投降曹操后，张鲁和他的教徒都被迁移到今河南省洛阳和邺城一带。到了张鲁儿子张盛时，他拒绝曹操的封赏，便带着张道陵传下来的剑和印，按照张天师遗训，再次回到了龙虎山。

从此，张天师的子孙便长期定居在了龙虎山，在此创建坛宇招徒传教，也同时开启了龙虎山道教文化的历史。

截止到现在，正一道世袭道统63代，历时1800余年，每代天师均得到历代封建王朝的崇奉和册封，先后在龙虎山建有10座道宫，81座道观，36座道院，其规模都十分壮丽豪华。

拓展阅读

传说张道陵炼成仙丹以后，看到身边弟子大多不足以托付重任，所以他只服了半剂丹药，成为了地仙，开始寻找托付道教的门徒。不久，从东方来了一位名叫赵升的青年，天师一眼就看中他，决定将道教重任托付于他。

一天，张道陵带领众弟子登上云台峰绝崖，忽然张道陵分开众人，朝悬崖一跃而下。众弟子齐站崖边，不见师傅踪影，一时惊骇悲啼，失望而归。只有赵升和一直追随张道陵的弟子王长站在崖边相视不语。

停了好久，两人异口同声说："师者，父也！自投不测之崖，吾辈何能自安？唯有随师傅去吧！"说罢，两人一起身，朝张道陵所投方向跃去。忽然一阵风起，两弟子正好落身在师傅两侧。张道陵笑道："我知道你俩会来！"

于是，张道陵在崖下将大道要术悉数传与了两人，传授完毕，张道陵服食了剩下的半剂丹药。忽然天空飞来了一只仙鹤，张道陵乘着仙鹤升天而去了。

大上清宫中的百神传说

在龙虎山诸多的道观之中，大上清宫是最早建成的道观，于唐武宗在841年至846年间所建。

大上清宫坐落于龙虎山脚下的上清镇东边，古代这里称为仙源乡

招宾里。这里溪山环拱，传说有9条龙在这里，是神仙和灵兽聚集的地方。这9条龙指的就是上清宫周围的天门山、台山、乌剑山、狮子山、冲天峰、应天山、西华山、乌龟山和圣井山。

大上清宫源于道教祖师张道陵在龙虎山炼丹时居住的"天师草堂"。大约在215年至220年期间，第四代天师张盛从陕南汉中迁回江西龙虎山承启道教，在此建造了"传箓坛"。

龙虎山道教历史上的第一个道观便建成了。真仙观建成之后，又多次更名。

在北宋时期，符箓科教道法特别兴盛。1008年至1016年间，宋真宗召见第二十四代天师张正随吏部授篆，敕改"真仙观"为"上清观"。

1113年，宋徽宗召见第三十代天师张继先设法坛做法事，在朝堂上，张继先给宋徽宗呈奏时，张继先说宋徽宗显露出了"赤马红羊之兆"，便请求皇上修德。宋徽宗便把"上清观"升格为"上清正一宫"。

1310年，元武宗再次把"上清正一宫"更名为"大上清正一万寿宫"。

直至1687年，康熙为了弘扬正一道，为上清宫御书宫额，更名为"大上清宫"。

据清代《留侯天师世家宗谱》记载："檐际悬圣祖仁皇帝御书'大上清宫'额。"由此"大上清宫"这个名字便一直延续至今。

大上清宫是天师张道陵及历代正一道天师祈祷、打醮、拜神和举行重大宗教活动的主要场所。同时他们也在这里隐居练道、修真养性和静心练丹，这里是道教文化积淀十分深厚的地方。

大上清宫整个建筑以三清殿和玉皇殿为中心，另外还建有紫微殿、后土殿和东隐院等。据1740年妙正真人娄近垣所编纂的《龙虎山志大上清宫新制》里记载，当时大上清宫中的殿宇多达二三十座。

在这些宫殿里塑有天神、地祇、南星北斗、三十六天将、二十八宿星和六十甲子等神像数百尊，组成了一个庞大的神灵世界最高领导机构，故有"神仙所都"和"百神受职之所"的美誉。

大上清宫之所以具有这么大的影响，还因为我国古典名著《水浒》里有大上清宫的故事。

《水浒》里讲，当年洪太尉受大宋仁宗之命，到龙虎山宣请张天师进京祈禳瘟疫，不料在上清宫伏魔殿误放了老祖大唐洞玄国师在镇妖井内镇锁着的"三十六天罡星"和

"七十二地煞星"，共108个魔君。魔君出世后，便成了后来水泊梁山的"一百零八将"，所以，人们说龙虎山是梁山好汉的出生地。

但据传说，当年洪太尉放走的是118个魔君，这些魔君直冲上天后，在空中散作100多道金光。

此时张天师在京城做法事时已经感知群魔出来了，就迅速念咒擒拿，而其中10个魔王拼力抵挡天师法力，让其他108个魔君逃走了。

而抵挡天师法力的10个魔王终究敌不过张天师的法力，被张天师一一降伏了，最后被点化成龙虎山的"十不得"。因此，当地流传一句民谣："龙虎山中十不得，若有一得天下了得。"

在大上清宫中不仅流传着很多神话传说，还有绚丽豪华的宫观建筑，但后来都因战火破坏或年久失修，大部分建筑已经倒塌或损毁。存留下来的伏魔殿、东隐院、善恶分界井、梦床、神树和传说中的镇妖井等古迹，仍然具有强烈的吸引力和丰富的文化内涵。

拓展阅读

与镇妖井同样广为流传的井还有在东隐院旁的善恶分界井。善恶分界井位于东隐院的院墙外。

传说，这口井能够映照和判断出人的善恶是非。百姓之间解决不了的复杂纠纷，只要打开井盖照一照，便会是非分明。所以，每当百姓们有什么冤屈找张天师诉说的时候，张天师便会让与事件相关的人到井口照一照，善恶真伪就一清二楚了。

天师府的神道合居盛景

大上清宫是历代天师讲道布教之所，而天师府则是他们生活起居和掌管天下道事的总署。建筑雄伟，有"南国第一家"的美称。

天师府是在1105年，由宋徽宗始建于龙虎山脚下的上清镇关口，全称为"嗣汉天师府"，它是道教最早的发祥地，并被尊为道教的第三十二福地。

天师府是一座王府式的道教古建筑群，它依山傍水、气势非凡。由于道教大多是兴起于山泽草莽之间，并且道士们都追求超凡脱俗和清静无为的境界，所以天师府内种植了很多奇花名木，也是暗寓此地为仙境。

天师府整个建筑工艺群是由府门、仪门、玄坛殿，提举署、法箓局、万法宗坛、大堂、三省堂、观星台、灵芝园和厢

房廊屋等组成，在布局和风格上保持了道教正一道神道合居的鲜明特色。

天师府的外观具有浓厚的神秘氛围，红墙深院，彤壁朱扉，给人以神道合居的气势，并且以八卦铺地，显示了浓厚的道教底蕴。

天师府坐北朝南，高大宽阔、面河而立、气势雄伟。门前庭院正中镶嵌着太极八卦图。八卦在道教里是代表宇宙间的"天地水火风雷山泽"，而太极图则是显示阴阳对立统一的辩证法和动态平衡的道教哲理内蕴。天师府府门上有一对抱柱楹联：

麒麟殿上神仙客，
龙虎山中宰相家。

这副对联是明代书法家董其昌的手笔，它形象地表达了龙虎山正一道天师既是"神仙"又是"宰相"的双重显赫地位，同时也阐明了正一道与历代皇权的密切关系，以及人们对追求成仙的渴望。

在院门后，有一条100余米的鹅卵石铺成的宽阔甬道直通二门。二门前东为玄坛殿，西为法箓局和提举署，但后来都被毁了。二门门联写的是：

道高龙虎伏，德重鬼神钦。

这副对联不仅表明了历代天师道高德重，使龙虎也服伏、鬼神也钦佩的历史事实，同时也表明了道教要求信徒必须修道养德的教理教规。

过了二门是一个大院，院中间是天师府的主建筑"玉皇殿"。殿门的外面两侧矗立着两个雕龙石柱，殿门的下面是雕龙石阶，石阶下就是有名的灵泉井。

相传，这口井是南宋著名道士白玉蟾奉正一道第三十五代天师张可大法旨所凿。它的泉水清澈甘甜，所以取名为"灵泉井"。历代天师做道场前敬天官、地官和水官都用这口井里的水，所以人们又称它为"法水井"。

还传说这口井有9米深，并与四海相通。当时挖凿的时候，曾惊动了龙王。

龙王问："为何要挖得那么深？"

天师说："我要借四海之源，用来演法炼丹。"

所以人们又称它为"丹井"。穿过甬道便可到达玉皇殿。玉皇殿是历代天师实施道政的地方。玉皇殿前距二门九九八十一步，此殿占地面积600余平方米，殿内供奉着身高9.9米的玉皇大帝像。在玉皇大帝旁，有金童、玉女和20个天君配祀两边，并且有8条金龙飞舞楹柱之间，使整个玉皇殿显示出天廷的庄严之感。

在玉皇殿后面便是私第了。私第是历代天师的住宅，也称为"天师殿"。这一部分是天师府的主体，面积约2000平方米，由前、中、后大厅组成。

在天师殿院门前的隐壁上画有 "鹤鹿蜂猴"的一幅巨画，象征着高官厚禄和宰相门第。院门前上书白底蓝字对联一副："南国无双地，西江第一家"。这不仅体现了当时天师府建筑的豪华是举世无双的，同时也告诉了人们当时道教文化的兴盛程度。

进入殿门，前厅为客厅。在客厅里有一块浑圆的翠绿色盘石，名叫"迎送石"。这是历代天师迎送客人到此留步的地方。在堂壁上挂有"墨龙穿云图"和"祖天师像"，在东西四壁上都题写着名诗，描绘着古画。

再往里走就是中厅。中厅为会客厅，有"狐仙堂"的美称。在中央供奉着3尊神像，中间是在刀剑斧戟和龙虎旌旗的拥簇下正襟危坐的道祖天师张道陵，侍立在张道陵两边的则是他的两位高徒王长和赵升。张道陵身旁悬有歌颂他道尊德贵的对联一副：

有仪可象焉，管教妖魔丧胆。

无门不入也，谁知道法通天。

在前厅和中厅搭接处，在左右两旁开辟有"金光"和"紫气"两个门，中间还有一个门，上刻"道自清虚"4字，这是为了提醒世代天师要依道传教。

再往里走就是后厅，后厅也叫"上房"，是张天师食宿生活之处。后厅的中堂原是天师用餐的地方，清代的时候里面有几把太师椅，四壁上也有很多书画。中堂后壁悬挂着祖天师张道陵的画像。香案上有屏风、净瓶、时钟、灯台和香炉供器等，非常古朴典雅。

除此之外，天师府内还有灵芝园、敕书阁和观星台等，宫楼阁宇多得数不胜数。

但是，如此豪华的天师府，后被洪水冲毁。后来虽然重建，但又因战争惨遭焚毁。后来，经过历史创伤后的嗣汉天师府，在政府的扶植和海内外信徒的赞助下，逐年得到了修复。

在保持明清建筑的基础上，以府门、二门和私第为中轴线，又修建了玉皇殿、天师殿、玄坛殿、法箓局、提举署和万法宗坛等，从而把宫观与王府建筑合为了一体，再现了这个蕴含着巨大道教文化内涵的府邸。

拓展阅读

传说一天清晨，天师府的第三十代天师张继先发觉有妖气出现，正在思忖时，看见一身穿黄衫的青年美女气喘吁吁地跪在地上流泪说："天师真人，请救救我！"

天师问清缘由后得知，这个狐狸精正在经历得道成仙前的天劫。天师怜悯狐狸精千年修行不容易，便对狐狸精说："我可以救你，但是你要答应3件事。第一要持斋，不许残害其他动物；第二要择地隐居，不得骚扰百姓；第三要受戒入道，早晚诵经，改恶从善，为民做好事。"

狐狸精拱手立誓说："一定做到，决不违犯。如有违抗，甘愿受死。"

天师见她有悔改之心，便叫她起立受戒。并命人在天师府内给她腾出了一个房间让她修行。后来，那个房间就成了供奉狐仙的狐仙堂。

龙虎山道教文化的兴盛之路

　　自从宋徽宗建造了天师府之后，张道陵的后嗣也逐步受到了朝廷重视，龙虎山的正一道便开始兴盛起来。

　　在宋代期间，宋王朝在龙虎山建造了大量宫观。一是旧有几座宫

观得到了扩建和赐额；二是新建了大批宫观，宋代新建的宫、观、庵和院近20座。

其中，有建于1056年至1063年间的凝真观。1102年至1106年间的静应观和祈真观。1107年至1110年间的灵宝观。1119年至1125年宣和年间的逍遥观。1208年至1224年间的金仙观等。

另外，宋代还建有云锦观、仙隐观、归隐庵、蒙谷庵和天乐道院等。

在这个时期，龙虎山正一道掌教的是张道陵的第二十四代至第三十五代后嗣。从第二十四代天师张正随开始，每代天师都曾被诏面圣，并被赐予"先生"称号。

其中，第三十代天师张继先和三十五代天师张可大最得朝廷恩宠。

在1104年，宋徽宗召见第三十代天师张继先，张继先与宋徽宗相谈甚欢，于是宋徽宗赐号张继先为"虚靖先生"。

第二年的12月，张继先回到了龙虎山。这次面圣，张继先的父亲和兄长全都被赐予了爵位。而第三十五代天师张可大先后被封为"正应先生"和"仁静先生"。这些都表现出当时宋王朝对龙虎山道教的支持和重视。

正是因为宋王朝的支持，在宋代初期龙虎山便成为与江苏茅山和江西阁皂山并立的三山符箓之一。

后来经过200年至元代，龙虎山的正一道便跃居成为了三山符箓之首。此时，龙虎山正一道达到了鼎盛时期。

在龙虎山正一道的鼎盛时期，掌教的是张道陵第三十六代至第四十一代后嗣。

从第三十六代天师张宗演起，每代天师均被元王朝封为天师或真人，让他们主领江南道教。至第三十八代天师张与材时，朝廷更封他为正一教主，让他主领三山符箓。也正是因此，龙虎山道教成为了诸符箓派之首。

在这期间，龙虎山出现了大批著名道士。这些德高望重的道士一部分被输送到了大都燕京，由第三十六代天师张宗演的弟子张留孙组成了一个规模较大的龙虎山道教支派玄教，用来主领江南广大地区的道教事务。

例如，张留孙，又称张宗师，是张宗演弟子，被元世祖忽必烈授以江南诸路的道教都提点之职。

剩下的道士则留在了龙虎山，管理山上的道教事务。其中也不乏杰出的道士。

李宗老，达观院道士，是著名玄教道士吴全节的老师。在1264年至1294年间被授江东道教都提点，主持本山上清宫。

吴元初，龙虎山高士，就学于道教学者雷思齐，所著诗文集为《元元赘稿》，元代著名学者、诗人虞集为之作叙说：

> 元初服黄冠以自隐，无所营于时，故无所争于人，交游天下名士，诗文往来，皆一时之盛。其言温而肆，清而容，杂而不厌，几于道者之乎？

张彦辅，龙虎山道士，精绘事，元代著名学者、诗人虞集曾为其所作《江南秋思图》赋诗。

另外，在此时期，元王朝还对龙虎山道教宫观进行了修正。它除了对龙虎山原有宫观进行了修葺以外，又新建了大批的道教宫观。

据元代散文家元明善和清代正一道道士娄近垣所写的两本《龙虎山志》中的不完全统计，新建的宫、观、庵和院多达37座。这些道教宫观大部分都是由元世祖忽必烈建于1264年至1294年间，有文惠观、乾元观、会真道院、望仙道院、八卦庵、止止庵、太极庵、西华道院、东山道院、云山道院和瑶峰道院等。

在宋元两代，龙虎山道教发展极为迅速，其中大部分道观都是在这两个时期建立起来的。但是这些建筑后来因为遭到了天灾兵火，大多被毁，后存留下来的仅有天师府一座，上清宫、正一观等宫观都是后来重修的。

但是，从那些被毁的道教宫观遗址上，可以看出当时道教文化的繁荣和昌盛。

龙虎山之所以成为"道教第一仙境"，也是有其必然性的。龙虎山在风水学上，堪称是独一无二的经典。风水最看重的就是理想环境的选择，而风水的理想环境主要由山和水构成，其中尤以水为生气之源。

石为山之骨，水为山之血脉，两者本身就是有机融合的，更何况龙虎山的山水暗合了道教太极阴阳教理，所以龙虎山成为道教祖庭是具有一定必然性的。

拓展阅读

传说在宋代，宋徽宗礼聘第三十代天师张继先来到京都，并对他说："解州盐池蘖蛟作怪，民众遭受灾害，所以召你来救治。"

张继先受命之后，马上在铁简上画符，让弟子祝永佑跟着太监同往解州，将符投入盐池的决堤之处，只见电闪雷鸣，蘖蛟被斩死在水中。徽宗听了太监回来报告便问张继先说："你治死蘖蛟，派遣的是哪位神将？能让我见一见么？"

张继先听后，便手握印剑施法召将，关羽随之现身。徽宗吃了一惊，手上正好拿着枚崇宁年间铸的铜钱，便掷给关羽，说："以这钱名封你。"

所以后来人们又称关羽为"崇宁真君"。

四川青城山

　　青城山是我国道教发祥地之一，位于四川都江堰市的西南部，以"三十六峰"、"八大洞"、"七十二小洞"和"一百零八景"著称。

　　青城山的道教文化不仅在国内具有很大的影响，在国外也得到了一致公认。在2000年，青城山以其独特的宗教文化进入了《世界文化遗产名录》。

　　青城山分为前山和后山。前山是青城山风景名胜区的主体部分，景色优美，文物和古迹众多；后山则水秀、林幽、山雄。

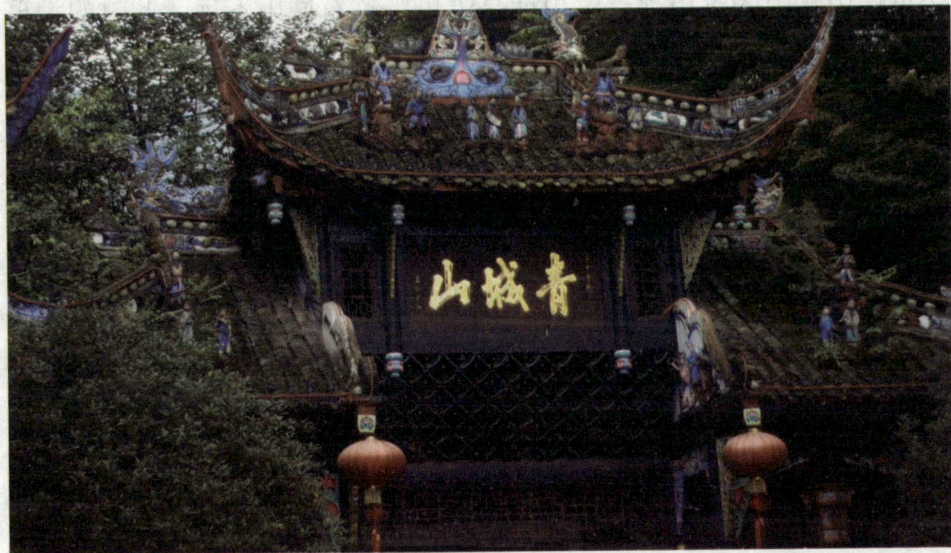

大禹治山造就美丽青城

青城山位于四川省都江堰市的西南部，它的自然环境十分优美，因它满山翠绿，远远望去就像一座翡翠城郭而得名"青城山"。

相传青城山在尧舜禹所在的上古时代叫"石城山"，以前在石城山靠山脚的平坝地上有很少一部分人在那里休养生息。大禹的老家在千里峨山丛中的汶山郡，汶山就是汶川，离石城山不远。此时的大禹在老家一带治水已经颇有建树。

在一年的春末，有一个人赶路跑来，说他是石城山民派来的，请大禹去石城山治水。

大禹到了石城山，气没歇一口，就四处察看。大禹连着转了几座山，忍不住吸了口冷气。他只见石城山又高又险。座座山峰平地而起，危岩雄峙，险峰壁立，高触云端。个个山头光秃秃的，不能存水，小雨小流，大雨大流。

山上的石头泥沙从山上直冲道沟底，淤泥堆积在山谷里，再从谷口倾泻而出，像一条泥龙一般，漫滤平川。雨季一过山又大旱，庄稼

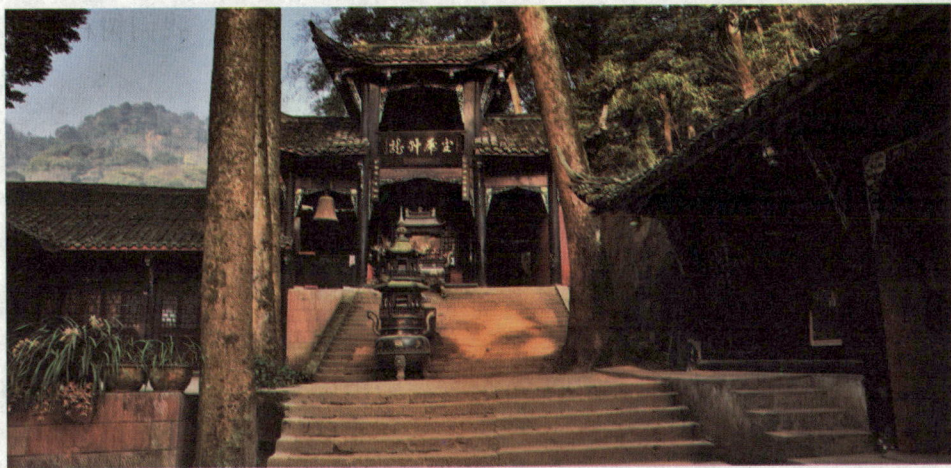

不长，飞鸟不停。

大禹从来没有治过这种灾害，他想了想对石城山的人说："我没拴过泥龙，只能先试试把水关在谷口吧！"

说完，大禹带着石城山的山民们，勘地势，察山形，划堪基，立界石，吩咐大家沿谷口进山沟，从上往下，由高到低，层层筑起石堪，好等雨季一来，把山洪锁住。

这项工程摊子铺得很大，大禹等不及完工，就赶回家去治理家乡的水了。谁知这年雨水来得早，来得猛，来得密，山谷堤坝还没完工，就被泥龙冲了个精光，山脚田土又变成了一片烂泥塘。

大家只好又派人去请大禹，哪料大禹已被舜请去制伏黄河去了，石城山民使者急如风火，爬山越岭，终于在渭河边华山脚找到大禹。

那时的大禹正忙着架炉，铸炼劈开黄河上神门、鬼门和人门的神斧，见到石城山民使者，急忙说道："不治山，只筑堪，费了工又费料，还没拴住泥龙。我对不住乡亲。在中原我见识到他们治山的方法很好。你们不能光治山谷，还得在山上栽树植草，保持水土，山下就永不受其害了！"

石城山民的使者为难地说："石城山上光秃秃的，我们树籽撒了一箩又一箩，可是一棵苗也没长出来。"

大禹笑哈哈地说："娃儿要调教，才能离娘怀，树籽不经佑，哪能长成材。种树收益慢，可以种竹嘛！华山千尺峰顶有的是青竹，你挖些回去种吧！青竹见土生根，当年发兜，明年成林，后年就满山。有了树和竹，就能锁住泥龙。"

石城山民使者听了，高高兴兴地在华山千峰顶挖了竹根竹鞭，回去栽在石城山36座山峰上。当年雨水好，满山冒竹笋，山民再经心护惜，不两年就郁郁葱葱，翠竹满山。

接着，人们又栽下松、杉和柏，让山山长树、峰峰挂绿，果然固住了沙土，锁住了泥龙。哪怕是夏天连下几十场雨，哪怕雨点比胡豆大，下到沟底的水也是清亮亮的。

就这样，整个石城山变得满山青幽幽、绿阴阴的，远远望去，像一座翡翠城郭。于是，人们就把石城山改名叫"青城山"了。

拓展阅读

青城山在历史上有诸多的称谓。先秦时期称为"清城都"、"丈人山"，秦时称作"渎山"。

关于"丈人山"的称谓，还有一个与仙人有关的故事，根据宋朝张君房所著《云笈七签》记载。在黄帝时期，黄帝因与北方的蚩尤作战时总是不能取胜，便来到青城山向仙人宁封讨教。宁封教黄帝以龙跻飞行之术。后来，黄帝战胜了蚩尤，统一了华夏民族。为了表达对仙人宁封的感谢，黄帝封宁封为五岳丈人，其所居住的青城山也被称作"丈人山"。

收服八大鬼帅的青城山战场

　　青城山是我国著名的道教名山，是我国道教的发祥地之一，被列为道教第五洞天。

　　青城山全山的道教建筑古迹非常多，存留下来的完好的道教宫观

就有数十座，由此可见道教在青城山的兴盛程度。

除了道教建筑外，青城山的其他道家文化还有很多，例如道教名人、道教养生、道教音乐和道教武术等。青城山的道家文化不仅在国内具有很大的影响。在2000年，青城山就是以其独特的宗教文化进入了《世界文化遗产名录》。

青城山的道教开始于东汉。自从东汉张道陵创立道教，道教就开始在青城山发展，历史非常悠久，

自东汉以来已经有2000多年的历史。在东汉，天师张道陵来到青城山，看中了青城山的深幽涵碧，因此在青城山结庐传道。并且还有传说，当时张道陵来青城山传道也是受了太上老君的指点，张道陵来到这里后就展开了一场收服妖魔的大战。

太上老君对他坚定的道心赞不绝口，遂传给他正一盟威秘录、雌

雄宝剑一对和印章一枚，并对他说："近来蜀中有八大鬼神，残害人民，你替我去整治，使得人鬼有别，昼夜各分，以降福生灵。这样你功德无量，可以名登仙籍了。"

张道陵连忙受命，率领门人王长等人，赶往蜀中。据说当时在蜀中作怪的鬼神为首的共有8个。刘元达专门施杂病，张元伯专放瘟疫，赵公明传痢疾，钟子季播下疮肿，史文业散发疟疾，范巨卿让人浑身酸痛，姚公伯洒下五毒，李公仲带来疯癫病。

他们手下鬼兵亿万，到处为害百姓，遭他们暴行枉死的人不计其数。

张道陵到了蜀中，选定了青城山为战场。到了青城山，张道陵先设置琉璃高座，列成法坛等待八大鬼帅。不久八大鬼帅率部来攻，一时间飞沙走石，空中飞箭如雨。

只见张道陵用手一指，化一朵莲花拒敌。鬼兵们燃起无数火炬，一哄而上，张道陵抬手一指，那火反而向鬼兵烧去。

鬼帅们遥望形势，高声叫道："你本来住在峨眉山修仙，为什么跑来侵犯我们的地盘？"

张道陵答道："你们残害生灵，所以奉老君之命来讨伐你们。"

刘元达等听了大怒，率领鬼兵再次攻上，将张道陵围住。张道陵用笔向空中遥画一个阵势，鬼众被这无形阵势困住，个个仆倒不起。

八大鬼帅见状只得叩头求饶，张道陵将笔倒挥，鬼兵又个个活了过来。张道陵对鬼帅们说道："你们过来听从吩咐，从今开始赶快远离此地，不要再在人间传播疾病。"

鬼帅分辩说："降灾给老百姓，是我们本来的职责，怎么把这权利都给剥夺了？不如还留一半地盘给我们享用。"

张道陵不答应，喝令他们快避去。

鬼帅们心中不服，第二日又纠集了六大魔王，率领百万鬼兵再次攻打上来。

张道陵的随从见状大惊，说道："鬼兵势盛，如何抵挡？"

张道陵说："无须惊慌，看我顷刻退敌。"于是他再次挥笔一画，鬼众们仍然死于当场，只有六大魔王不死，但也仆翻在地，爬不起来，叩头救饶。

张道陵不许，用笔竖着一砍，将面前山峰劈为两半。魔王再无法飞越山头，大声哀求说："我们再不敢为非作歹，恳求饶命，此后一定在西方世界居住，再不来此地。"

张道陵这才放他们归去，余下的鬼帅，也表示受管束。张道陵仍怕他们心中不服，于是对他们说道："看来你们心中不服，且再给你们一个比试的机会，如果斗得过我，便让你们自由。"

刘元达等鬼帅们一听，正中下怀，答道："好，就这么办！"

张道陵命人烧起一堆火，投身火中，却脚底生青莲，踩着莲花徐徐出来，鬼帅们也拿出神通，跳入火中，谁知神通不灵，被火烧着。

张道陵又在木、水、土石中进出自如，鬼帅们却处处碰壁，一怒之下，八大鬼帅变成8只大老虎扑来。张道陵变成一只巨狮，将八虎赶走。鬼帅又变成8条飞龙来抓人。张道陵摇身一变，成为专吃龙属的金翅大鹏鸟，来啄龙的眼睛，八龙只好仓皇逃走。

这样变化斗法多时，看看鬼神已近技穷，张道陵用手一指，化一重万余斤的巨石，用藕丝悬着，挂在鬼兵阵营上空，又变成两只老鼠窜上去啃藕丝，那巨石眼见立即要掉下来，鬼帅们这才同声哀求："请饶我们，一定远离此地，再不敢虐害百姓。"

张道陵于是下令五方八部、六大鬼王统统会盟于青城山。使人住阳间，鬼居幽冥，六大鬼王回到丰都，八部鬼神流放西域。

那些鬼众舍不得这么好的地盘，还赖着不想走。张道陵发起怒来，画了一个符送上云霄，片刻之间，风雨雷电轰鸣，空中飞来无数刀箭，鬼兵这才逃得无影无踪。

当然，这个世界上并没有鬼，道士更不可能会驱鬼的法术。这个传说多半是后人为神化张道陵而杜撰出来的，但通过这个传说，也可以看出古代人对敢于为民除害之人的敬重。

因为张道陵在青城山传道，所以青城山成为了天师道的祖山之一，全国各地历代天师均会到这里朝拜祖庭。后来青城山的天师道经过张道陵及其子孙历代天师的创建和发展，逐渐扩及全国。

拓展阅读

张道陵在青城山"结茅传道"的地方后来修建了一座常道观。观内还有黄帝祠和三皇殿，殿内供奉着伏羲、神农、黄帝。

在观后的混元顶上有一个洞穴，相传是张道陵曾经修炼的所在，俗称天师洞。天师洞东有三岛石，巨石矗立，上有两条裂隙，故名。

民间传说，张天师降魔时，见此石挡路，遂拔剑劈之，裂成三块，石上还刻有"降魔"两字。天师洞西侧有掷笔槽，这是个60多米深的幽谷，民间传说是张天师降魔时，作符掷笔而成的。

道观相继崛起的晋代青城山

在晋代，青城山中道教渐盛，极盛时有道观70余处，但大部分都被毁废了。存留下来的其中之一就是上清宫。

上清宫位于青城山的第一峰的半山坡上，始建于晋代，后来又经过了唐玄宗修缮和五代期间王衍再建，但是明末又毁于火灾。存留下来的殿宇是后来建于清代。在上清宫山门外西侧石壁上，刻有"天下

第五名山"和"青城第一峰"的
石刻。

上清宫的主要建筑有山门、
正殿、配殿和玉皇楼等。上清宫
的宫门是石砌券洞，上有门楼。

老君殿内供奉的是太上老
君，太上老君的两旁分别是供纯
阳祖师和三丰祖师。殿后是三清
大殿，大殿中供奉的是三清神
像，在殿的两旁则供奉着三清的
弟子，即"十二金仙"。

大殿右侧的道德经堂前有鸳鸯井，又称为"八卦鸳鸯井"。相传
是在五代中的前蜀国所凿。两井一方一圆，象征男女，其泉源相通，
但却一清一浊，一浅一深。

道德经堂有楠木板壁，上刻《道德经》八十一章全文。

大殿左侧有长廊通向"文武殿"，内祀文圣孔子和武圣关羽。神
座下有九龙浮雕，甚为精美。天花板画有墨龙和二十四孝图及三国故
事。在老君殿和文武殿之间廊下是"麻姑池"，相传麻姑池是麻姑的
炼丹处，形如半月，深广数尺，水色碧绿，一年四季，不竭不溢。

与上清宫同是在晋代所建的还有祖师殿。

祖师殿是一小巧玲珑的四合院。初建于晋，明末毁败，后来清代
乾隆五十七年万本圆重建祖堂，存留下来的殿宇建于清同治四年。祖
师殿原名洞天观和清都观，因供奉真武大帝和三丰祖师，故名为真武
宫，又叫祖师殿。

另外，有名的建福宫也是在晋代修建起来的。

建福宫坐落于青城山丈人峰下，前山山门的左侧。传说这里为五岳丈人宁封子修道处。宫观原名丈人观，后来在南宋时朝廷赐名"会庆建福宫"，简称"建福宫"。

建福宫历史悠久，存留下来的建筑仅剩下两院三殿，而前面的两殿是近年来青城山道教协会筹集资金新建的重檐楼殿。第一殿供奉道教护法尊神王灵官及财神，内侧供奉慈航真人。第二殿名为"丈人殿"，供奉五岳丈人宁封真君及广成先生杜光庭，也称"杜天师"。

建福宫后院颇清静，有200棵上百岁的仙人松，枝繁叶茂。后殿内塑有3尊彩像，中间是太上老君，道教尊为教主。左面是东华帝君，即华阳真人王玄甫，是全真道北五祖的第一祖。右面是道教全真派的创立者王重阳。殿堂板壁刻有张三丰祖师的诗。

建福宫后院大殿檐柱上，悬有长达394字的青城山著名长联，此联被赞为"青城一绝"。

拓展阅读

传说梳妆台是后来的明末庆符王曾屯兵于此，希望重振大明江山。

他带兵出山征战后，每日清晨他的妻子陈妃就于此处梳头，眺望奏凯归来的庆符王。后来不料其夫战死，于是陈妃也自尽了。人们为了纪念他们至死不渝的爱情，建了梳妆台。

张道陵修真布道的天师洞

在晋代，不仅有很多道观被建立起来，很多教派也相继形成。

天师道经过张道陵及其子孙历代天师的创建和发展，逐渐扩及全国。从晋代开始，天师道在青城山便兴盛了起来。在天师道兴盛的同时，上清道也逐渐形成。

上清道起源于东晋，是由杨羲手书的《上清经》传播后形成的道派。此派以存思为主，不主张金丹术，宣称修行得道，可升入"上清天"，比天师道理想的"太清境"更高，所以自称"上清家"。

至南北朝期间，天师道逐渐形成了两个道派。南北朝北魏嵩山道士寇谦之创立了"北天师道"，南朝庐山道士陆修静"祖述三张，弘衍二葛"，融符箓、丹鼎两派，创南天师道。从此天师道渐渐分成了南天师道和北天师道，青城山所传为"南天师道"。

青城山的南天师道名人辈出，后来的唐代著名道士薛昌和宋代著名道士勾台符均属南天师道。

至隋朝，距离建福宫约2千米的天师洞建立了起来。

　　天师洞建在白云溪和海棠溪之间的山坪上，相传东汉末年，天师道创始人张道陵曾在这里修炼布道，俗称"天师洞"。原观早毁，后来在清代重建。有殿三重，名三清殿、三皇殿和黄帝祠。

　　三清殿是主殿，是一座重檐歇山顶楼阁式建筑。殿前铺设通廊石阶9级，前檐排列大石圆柱6根，殿堂横列5间，正中高悬后来清朝康熙皇帝的御书匾额："丹台碧洞"。殿前高悬几副对联，其中一副写道：

一生二，二生三，三生万物，

地法天，天法道，道法自然。

　　三清殿中供奉的是道教至高无上的3位尊神，即居于玉清仙境的元始天尊、居于上清仙境的灵宝天尊、居于太清仙境的道德天尊。天师洞另一座主要殿堂乃三皇殿，殿内供奉伏羲、神农、黄帝石刻造像各一尊，高约1米，是唐代雕造，皆为坐像。

道教以黄帝、老子为祖师，相传黄帝曾在青城山跟随仙人宁封子学道，宁封子还协助他打败了蚩尤。

后来黄帝功德圆满，乘龙升天成仙，宁封子被封为青城山的主治神仙。黄帝在此山自然也有突出的地位。故而在青城山不仅三皇殿供奉黄帝，并且还单独为他修了一座黄帝祠。

黄帝祠左侧有一洞，相传乃张道陵修炼之处，此即人们所说的天师洞。洞窟的最上层有一石龛，其中供奉着张天师石像。

这个张天师石像面有三目，神态威严。左手掌直伸向外，掌中握有天师镇山之宝"阳平治都功印"，洞外还有张道陵第三十代后嗣、宋代虚靖天师张继先的塑像。

天师洞三面环山，一面临涧，古树参天，十分幽静。在天师洞门前有一棵古银杏树，高50余米，据说此树乃张天师亲手所植。

拓展阅读

老君阁位于青城山第一峰彭祖峰绝顶。它基宽400余平方米，共6层。下方上圆，寓意天圆地方。层有八角，以示八卦。外观呈塔形，顶接三圆宝，以昭天地人三才之意。

老君阁中的老君造像，是以徐悲鸿当年在青城的遗作《紫气东来》为蓝本，经许多学者、艺术家和鉴赏家精研，并由青城山道友绘制、塑造而成。像高13.6米，连牛身通高16米。均按古典建筑规范，用钢筋水泥浇铸，精铜包里，金光炫目，栩栩如生。

老君阁建筑群包括东华殿，次殿有100多平方米，长5间，中祀东华帝君，左右龛分祀吕纯阳及钟离权。

串联历史的青城山道教文化

　　至唐代，青城山上的上清道与天师道结合了。在唐朝末年，著名道士杜光庭来青城山，促使天师道传统遂与上清道结合了。杜光庭在天台山时是陶弘景的第七传弟子，他对各派道法都有深刻研究，到青

城山后，圆融各派，成为一代宗师。

在唐代，地祇宗的北帝派也由邓紫阳于江西创建起来。在之前的北宋时期，虚靖天师张继先来青城山修习此派并开创地祇宗。唐宋时期，高道薛昌在青城山炼丹，他所用的浴丹井一直被保存了下来。

至宋代，道教十分繁盛，青城山很多教派都是在这一时期建立起来的。其中，清微派约形成于北宋，流行于元代。《清微师派表》把元君即东晋著名女冠魏华存与张陵、庄旭、许逊同视为清微派祖师。

实际上，此派之兴当得力于南宋时青城山道士李少微、朱洞元、南毕道、黄舜申等人。此派以行雷法为能事，将宋代盛行的内丹术与符咒术相结合。即所谓内炼正气，合天神之灵。

宋元以后，内丹崛起，崔希范、谭峭、陈抟、张伯端等皆在青城山炼道，还有李钰得黄房公金丹之道，陈致虚得赵缘督传北宋丹法。张随居在青城山著有《参同契注》3卷；黄甫坦精医道养生，为宋显仁太后成功治愈眼疾；丈人观道士唐道丰为成都知府辛谏议治愈风疾等。

　　黄舜申为此派集大成者，得到宋理宗召见，后来元代又封他为雷渊广福普化真人。

　　清微派的雷部诸神多为三目。显然来自蜀地原始鬼道的信仰。其中青城赵公山的赵公明地位甚高，主持3个帅班。该派主张内炼精神气为本，符咒术为用，接近于神宵派，但所用符不同。

　　在北宋形成的道教派别还有丹鼎派南宗，此派也称为紫阳派。在北宋，天台山道士张伯端来到青城山，得到青城山老仙的传授，著《悟真篇》，创立了此派，因张伯端号紫阳，所以又名"紫阳派"。

　　丹鼎派南宗在修炼方法上，主张先"命"、"后性"，与北宗不同。后来在元代，该派并入了全真道。

　　在南宋年间，虚靖天师张继先来到青城山，再兴正一派于常道观。同时，在道教中后来与天师道齐名的全真道逐步建立了起来。

　　全真道，也称全真派或称律宗，与正一道同为元代以后道教两大

派。在1167年的，王重阳于山东宁海全真庵聚徒讲道创立此派。主张儒、释、道"三教圆融"、"知心见性"和"独全其真"。

在教规上，全真道与正一道不同的是，全真道不娶妻室，不入荤腥，投师住庵为出家道士，养身习静，脱欲界，积功德。全真道分为七派，青城山所传为邱处机所创的龙门派。

至元代，全真教更加兴盛起来。据记载，全真教著名道士邱处机曾在陇州龙门山修道。元太祖曾遣使召他，次年邱处机与弟子18人同往西域，太祖召见后赐予他"神仙"的称号，封他的爵位为"大宗师"，命他掌管天下道教。

后来，元世祖命提举李道谦为陕西五路西蜀四川道教提点。李道谦是著名的全真道士，自号"天乐道人"，赐号"玄明文靖天乐真人"，全真道于此时开始传入了青城山。

至明代，伏龙观道士吴碧于善辩雷篆。"五雷天心正法"本传自青城通慧真人朱洞元，当时高道张三丰也曾来青城山访道求真，并留下碑刻，可惜所题之碑刻毁于动乱。

历经明末战乱，青城山道士又逃走。清康熙八年有武当山全真龙门派道士陈清觉来青城山，以此地为神仙都会，于静坐谈玄之余兼理务，使青城山破败的局面焕然一新。

西蜀观察使司臬台赵良璧遇陈于青羊宫，很尊敬他，特建二仙庵，迎陈住持。至清代，李西月开创西派丹法，主要著述有《无根树注释》、《道窍谈》、《后天串述》、《三车密旨》等。

康熙皇帝因良璧奏闻，钦赐御书"丹台碧洞"并《悟真篇》，封陈氏为"碧洞真人"。从此，青城山道系属全真道龙门派丹台碧洞宗，下传第十二代至易理论大师。

丹台碧洞宗的传承字派是："道德通玄静，真常守太清，一阳来复本，合数永元明，至理忠诚信，崇高嗣法兴，世景荣为懋，希微衍自宁。"

在1955年以后，青城山吸收了各地道士，原有丹台碧洞宗的格局有了很大改观。张至益道长是王明月的高徒，他好广交武林英杰，曾与海灯法师、川中武林高道李真果为友，同拜深通各门派内外功法的高道朱智涵为师，学习道教的秘传武功。晚年在青城山上清宫、玉清宫居住的道士李永宏，他对道家内丹真功及医理、医术十分精通。此外，青城山的高道还有刘圆常、刘理钊和邓理云等人。

其中，刘圆常医道全面，他的高徒曹明仙，承其医道和炼养功夫，成为青城山功夫卓著、医术高明、道法精微的高道，虽然已经90岁高龄，却依然精神矍铄。曹明仙还能识各类动、植、矿物上千种，所传弟子为人治病也颇有成效。

除此以外，青城山的高道还有许多，他们的存在都为青城山道教文化的发扬作出了巨大的贡献。

拓展阅读

全真七子是道教全真道创始人王重阳的七位嫡传弟子。即马钰、谭处端、刘处玄、丘处机、王处一、郝大通和孙不二，因其对全真道的传播和发展作过贡献，被尊为北宋真人，并得到元世祖的诏封。

其大多出身世家大族，有一定的社会地位和文化，师承王重阳三教合一思想，虽各创一派，但宗教思想和修炼方式大致相似。